Kaunertal – Oberinntal

Landeck – Serfaus – Pfunds – Nauders

50 ausgewählte Tal- und Höhenwanderungen

BERGVERLAG ROTHER GMBH • MÜNCHEN

ROTHER WANDERFÜHRER

Abruzzen
Achensee
Adlerweg
Ahrsteig
Albsteig
Algarve
Allgäu 1, 2, 3, 4
Allgäuer Alpen
AlpeAdriaTrail

Altmühltal
Altmühltal-Panoramaweg
Andalusien Süd
Annapurna Treks
Antholz - Gsies
Aostatal
Appenzellerland
Apulien
Ardennen
Arlberg - Paznaun
Arnoweg
Asturien
Augsburg
Außerfern
Australien
Auvergne
Azoren
Baskenland
Bayerische Alpen Trekking
Bayerischer Wald
Berchtesgaden -Lienz
Berchtesgadener Land
Bergisches Land
Berlin
Bern
Berner Oberland Ost
Berner Oberland West
Bodensee Nord, Süd
Bodensee - Rätikon
Böhmerwald
Bolivien
Bozen - Kaltern
Brandnertal
Bregenzerwald
Bremen - Oldenburg
Brenta
Bretagne
Bulgarien
Burgund
Cevennen
Chalkidiki - Thassos
Champagne - Ardennen
Chiemgau
Chiemsee
Chur - Hinterrhein
Cilento
Cinque Terre
Comer See
Cornwall-Devon
Costa Blanca
Costa Brava
Costa Daurada
Côte d'Azur
Dachstein-Tauern Ost
Dachstein-Tauern West
Dänemark-Jütland
Dalmatien
Dauphiné Ost, West
Davos
Dolomiten 1, 2, 3, 4, 5, 6, 7, 8
Dolomiten-Höhenwege 1-3, 4-7, 8-10
Donausteig
E5 Konstanz - Verona
Ecuador
Eifel
Eifelsteig
Eisenwurzen
El Hierro
Elba
Elbsandsteingebirge
Elsass
Emmental
Ober-, Unterengadin
England Mitte, Nord, Ost, Süd
Erzgebirge
Fichtelgebirge
Fränkische Schweiz
Fränkischer Gebirgsweg
Frankfurt
Franziskusweg
Freiburg
Friaul-Julisch Venetien
Fuerteventura
Galicien
Gardaseeberge
Garhwal - Ladakh
Garmisch - Brixen
Gasteinertal
Genfer See
Georgien
Gesäuse
Glarnerland
Glockner-Region
Goldsteig
La Gomera
Gotthardweg
Gran Canaria
Grazer Hausberge
Grenzgänger-Weg
Gruyère - Diablerets
GTA
Hamburg
Harz
Haute Route
Hawaii
Hochkönig
Hochschwab
Hohenlohe
Hunsrück
Ibiza
Innsbruck
Irland
Isarwinkel
Island
Israel
Istrien
Jakobsweg - Camino Primitivo
Jakobsweg - Caminho Português
Jakobsweg - Camino del Norte
Französischer Jakobsweg Le Puy - Pyrenäen, Straßburg - Le Puy
Jakobsweg Marburg - Vézelay
Jakobswege Österreich
Jakobswege Schweiz
Spanischer Jakobsweg
Südfranzösischer Jakobsweg - Via Tolosana
Südwestdeutsche Jakobswege
Julische Alpen
Jura, Französischer
Jura, Schweizer
Kärntner Seen
Kalabrien
Kanadische Rocky Mountains
Karawanken
Karnischer Höhenweg
Karwendel
Kaunertal
Kitzbüheler Alpen
Kleinwalsertal
Korfu
Korsika
Korsika - GR 20

Korsika - Mare e Monti
Kraichgau
Kreta
Kurhessen
La Palma
La Réunion
Lahnwanderweg
Lago Maggiore
Languedoc-Roussillon
Lanzarote
Lappland
Lechweg
Lesbos - Chios
Limesweg
Lofoten
Lothringen
Lungau
Luxemburg - Saarland
Madeira
Mallorca
Malta - Gozo
Marken - Adriaküste
Marokko
Masuren
Maximiliansweg
Mecklenburgische Seenplatte
Menorca
Meran
Mont Blanc
Montafon
Montenegro
Mosel
Moselhöhenweg
Moselsteig
Mühlviertel
München
München - Venedig
Münsterland
Neanderlandsteig
Golf von Neapel
Neckarweg
Neuseeland
Neusiedler See
Niedere Tauern Ost
Niederlande
Niederrhein
Nockberge
Normandie
Norwegen Mitte, Süd, Jotunheimen
Nürnberg
Oberlausitz
Oberpfälzer Wald
Oberschwaben
Odenwald
Ötscher
Ötztal
Ötztal - Pitztal Trekking
Ossola-Täler
Ostfriesland
Ostseeküste
Ost-Steiermark
Osttirol Nord, Süd
Patagonien
Peaks of the Balkans
Peloponnes
Peru
Pfälzer Weinsteig
Pfälzerwald
Pfaffenwinkel
Picardie
Picos de Europa
Piemont Nord, Süd
Pinzgau
Pitztal
Portugal Nord
Provence
Pyrenäen 1, 2, 3, 4
Pyrenäen - GR 11
Regensburg
Rheinhessen
Rheinsteig
Rhodos
Rhön
Riesengebirge
Rom - Latium
Route de Ländle
Rügen

Ruhrgebiet
Rumänien - Südkarpaten
Saar-Hunsrück-Steig
Salzalpensteig
Salzburg
Salzburg - Triest
Salzkammergut Ost, West
Sardinien
Sauerland
Savoyen
Schaffhausen
Schottland
Schwabenkinder-Wege Oberschwaben, Schweiz - Liechtenstein, Vorarlberg
Schwäbische Alb Ost
Schwäbische Alb West
Schwarzwald Fernwanderwege
Schwarzwald Mehrtagestouren Mitte/Nord, Süd/Mitte
Schwarzwald Nord, Süd
Schweden Mitte, Süd
Seealpen
Seefeld
Sierra de Gredos
Sierra de Guadarrama
Sizilien
Spessart
Steigerwald
Steirisches Weinland
Sterzing
Stubai - Wipptal
Trekking im Stubai
Stuttgart
Südafrika West
Surselva
Sylt, Amrum, Föhr
Tannheimer Tal
Tasmanien
Hohe Tatra
Tauern-Höhenweg
Hohe Tauern Nord
Tauferer Ahrntal
Taunus
Tegernsee
Teneriffa
Tessin
Teutoburger Wald
Thüringen Mitte/Nord
Thüringer Wald
Tiroler Höhenweg
Toskana Nord, Süd
Türkische Riviera
Uckermark
Umbrien
Ungarn West
Usedom
Vanoise
Veltlin
Vía de la Plata
Via Francigena
Via Gebennensis
Vierwaldstätter See
Vinschgau
Vizentiner Alpen
Vogelsberg
Vogesen
Vogesen Mehrtagestouren
Vogesen-Durchquerung
Vogtland
Wachau
Waldviertel
Wales
Oberwallis
Unterwallis
Walliser Alpen
Weinviertel
Welterbesteig Wachau
Weserbergland
Westerwald
Westerwald-Steig
Wien
Wien - Lago Maggiore
Wiener Alpenbogen
Wiener Hausberge Nord, Süd
Wilder Kaiser
Zillertal
Trekking im Zillertal
Zürichsee
Zugspitze
Zypern

Vorwort

Von den Lechtaler Alpen bis zum Reschenpass erstreckt sich unser Wandergebiet zu beiden Seiten des jungen Inns. Samnaunberge und Ötztaler Alpen stehen sich hier gegenüber. Diese Gegend, übrigens eine der niederschlagsärmsten ganz Österreichs, wird nach dem alten Verwaltungsbezirk auch das Obere Gericht genannt. Schmucke und mitunter anregend hochgelegene Dörfer heißen den Feriengast willkommen. Manche der alten Bergbauernhöfe stehen derart exponiert, dass der Volksmund behauptet, selbst die Hühner würden dort oben Steigeisen tragen.

Die mannigfaltige Berglandschaft lädt zu schönen Bummeleien über dorfnahe, einst von Rätoromanen besiedelte Sonnenterrassen, artenreiche Bergmähder und eigenwillige Steppenhänge, zu beschaulichen Ausflügen in romantische Hochtäler, zum Entdecken abgeschiedener Bergseen und der wilden Schluchten im Kaunertal, zum Lustwandeln auf traumhaften Höhenwegen. Faszinierend ist immer wieder der Ausblick: die zerhackten Firste des Naturparks Kaunergrat, die strahlenden Majestäten der zentralen Ötztaler, Piz Mundin und König Ortler – und tief unter uns der grüne Inn.

Auch die Gipfelwelt zeigt die gegensätzlichsten Gesichter: Waldschöpfe, Grasbuckel und leichte Dreitausender – unnahbare Felskeile und von zerrissenen Gletscherströmen umschlossene Eisriesen. Oder wie wär's mit einem Besuch auf der weithin grüßenden Kronburg, bei den skurrilen Serfauser Erdpyramiden, bei den ehemaligen Kriegsstellungen und in der düsteren Kaverne auf den Sellesköpfen oder auf den wüsten Blockmeeren des fremdländisch anmutenden Ganderbildes?

Auffallend unterschiedlich wird der Tourismus praktiziert. Fiss und Serfaus beispielsweise setzen unverkennbar auf den Wintersport, während die Talgemeinden am Oberen Inn – Prutz, Ried, Tösens und Pfunds – sowie Fließ und Kaunerberg mit sanftem Tourismus um die Gunst ihrer Gäste werben. Im Kaunertal konzentriert sich der Rummel auf das Gletscherskigebiet im Talschluss. Doch unmittelbar daneben erfreut uns das unberührte Hochgebirge mit verschwiegenen Pfaden und Steigen, auf denen man oft den ganzen Tag niemandem begegnet. Auch in den Nauderer Bergen, wo das Unterengadin und der Südtiroler Vinschgau angrenzen, ist es im Sommer trotz der Bergkastelbahn recht still geblieben. Das vorbildliche Wanderwegenetz und die aussichtsreichen und im Vergleich zu den übrigen Ötztaler Alpen auffallend problemlosen Gipfelzustiege schenken zufriedene und erholsame Urlaubstage.

Unterthingau, im Frühjahr 2018 — Herbert Mayr

Inhaltsverzeichnis

Warth (1495)
Hinterellenbogen
Hägerau
Steeg
Stockach
Madau
Kaisers (1518)
Edelweißhaus
Simmshütte
2895
Wetterspitze
Stuttgarter Htt.
Alperschonjoch
2303
Leutkircher Htt.
Kaiserjochhtt.
Ansbacher Htt.
Parseierspitze
3036
2289
Augsburger Htt.
Valluga
2809
Kapall
2333
Sommer-rodelbahn
St. Jakob a. Arlberg
Gand
Pettneu a. Arlberg
Schnann (1186)
Schnann
Flirsch
Galzig
Arlbergpass
St. Anton a. Arlberg (1284)
Stadle
Rasthaus-Verwall
24
Pettneu
St. Anton a. Arlberg
Flirsch
Strengen
Quadratsch
Pians
Brunnen
Bruggen
Stanz b. Landeck
Lötz
Zams
Landeck (817)
Landeck W.
Schatzen
Hinterstrengen
Tobadill
Fließ
Starkenbach
Kn. Oberinntal
Zams
Hoher Riffler
3168
Edmund-Graf-Htt.
Glitt
Vorgiggl
Thialkopf
2398
Hochgallmigg
See
Perpat
Niederhof
Höfen
Sinsen
Kappl (1256)
Holdernach
Nedert
Habigen
Ascher Htt.
Rotpleiskopf
2936
Fisser Joch
2432
Fiss (1438)
Kölner H.
Serfaus
Tösens
Darmstädter Htt.
Niederelbehtt.
3148
Kuchensp.
Hexenkopf
3035
Hexenseehtt.
Ischgl (1376)
Paznatsch
Vesulspitze
3089
Friedrichshafener Htt.
Mathon
Id A.
Schihaus Alp Trida
Alpenghf. Boden
Laret
Compatsch
Spiss
Gstalda
Vorderkobl
Stuben
Pfunds (970)
Birkach
Greit
Samnaun (1840)
Plan
Fimberalpe
Vesilspitze
3097
Heidelberger Htt.
Piz Mundin
3146
Finstermünzpass
1087
Fluchthorn
3399
Muttler
3293
Scharlkopf
2808
Hohenzollernhaus
Nauders (1394)
Martina/ Martinsbruck
Via Claudia Augusta
Tschlin/ Schleins
Ramosch
Reschenpass/ Passo di Resia
1507
Reschen/Resia
Sent (1430)
Lechtaler
Stanzer Tal
Paznaun
Verwallgruppe
Samnaungruppe
Ötztaler
1
2
3
5
6
7
8
9
10
11
12
15
16
17
18
19
20
21
22
23
24
25
26
27
28
29
30
31
32

Stams
Strad
Tarrenz
Haiming
Silz
Imst
Tschirgant
Schlierenzau
St. Petersberg
Gwiggen
Haimingerberg
Hocheder
2796
Gunglgrün
Karrösten
Ötztal
Ötztal-Bahnhof
Silzer Sattel
Ochsengarten
Pirchkogel
2828
Rietzer Grieskogel
2884
Imst-Au
Roppen
Ötzbrück
Taxegg
Wald
Imsterau
Arzl
Mairhof
Sautens
Oetzerau
Oetz
Schrofen
Bielefelder Htt.
Dortmunder Htt.
Kühtai
(2017)
Gaiskogel
2820
Haggen
St. Sigmund
im Sellrain
Imsterberg
Pitztal
Timmls
Bloße
2536
Habichen
Armelenhtt.
Acherkogel
3007
Venetalm
Brennwald
Wenns
(982)
Ried
Tumpen
Sulzkogel
3016
Hochzeiger Htt.
Kreuzjochspitze
2675
Lehn
Hohe Wasserfalle
3003
Guben-Schweinfurter Htt.
Neue Pforzheimer
Jerzens
Wildgrat
2971
Erlanger Htt.
Farchat
Ötzidorf
Umhausen
(1031)
Neudorf
Höfle
Niederthai
Piller
Pillerhöhe
18%
Ritzenried
Fundusfeiler
3079
Köfels
Zischgele
3004
Frischmannhtt.
Winklen
Breiter Grieskogel
3287
Westfalen
Kaunerberg
Au
Dorf
Unter-ried
Ober-
Winnebachseehtt.
Bichl
Unter-
Ober-
-längenfeld
Gries
Kaunз
(864)
Maria Himmelfahrt
Peischlkopf
2913
St. Leonhard
im Pitztal
Hinterer Br
Fendels
Pla
Piösmes
Burgstein
Luibiskogel
3110
Stillebach
Runhof
Lochkogel
3044
Schrankogel
3497
Amberger Htt.
Feichten
(1287)
Weixmannstall
Huben
Winkle
Verpeilhtt.
Trenkwald
Vord. Pollesalm
Im Brand
Hohe Geige
3393
Wilde Leck
3359
Kaunergrathtt.
Grieskogel
2911
Watzespitze
3532
Plangeross
Puitkogel
3343
Hochsölden
(2083)
Kaisers
Stubaier Wildsp
3341
Pfroslkopf
3148
Hochstubaihtt.
Mandarfen
Sölden
(1368)
Hildesheimer H
Mittelberg
(1736)
Wald
Wohlfahrt
Windau
13%
Rifflsee
Pitze
Brunnenkogelh.
Gepatsch-stausee
Nasserein A.
Mittagskogel
3159
2758
Braunschweiger Htt.
3056
Gaislachkogel
Zwieselstein
(1470)
15%
Timmelsjochstraße
Heiligkreuz
3163
Nederkogel
Taschachhaus
Gepatschhaus
Hochgurgl
Timme
Winterstall
Untergurgl
Weißer Kogel
3407
Wildspitze
3768
Angern
Rauhekopfhtt.
Obergurgl
(1907)
Breslauer Htt.
Rofen
Vent
(1895)
Königskogel
3050
Vernagthtt.
Brandenburger H.
3549
Großer Ramolkogel
Talleitspitze
Gepatschferner
Weißsee Fl.
Taschachferner
Mittelbergferner
Großer Vernagtferner
Venter Ache
Gurgler Ache
Ötztaler Ache
Pitze
Inn

Allgemeine Hinweise

Gehzeiten

Die angegebenen reinen Gehzeiten können nur als grobe Richtwerte für durchschnittlich trainierte Bergwanderer gelten (etwa 4 km in der Stunde auf leichten Talwegen, 350 Höhenmeter in der Stunde im Aufstieg, 500 Höhenmeter in der Stunde im Abstieg). Jahreszeit, Wetter, persönliche Verfassung, erforderliche Pausen und andere Faktoren bestimmen die insgesamt benötigte Zeit.

Anforderungen

Unter diesem Schlagwort finden Sie bei jeder vorgestellten Tour detaillierte Angaben. Bei der Auswahl der Routen wurde großer Wert darauf gelegt, den Ansprüchen eines möglichst breiten Publikums Rechnung zu tragen. Das Spektrum reicht von bequemen Talausflügen auf Forst- und Wanderwegen über längere Hüttenaufstiege und Höhenwanderungen auf gut bezeichneten Fußpfaden und Steigen bis hin zu felsigen und teils weglosen Hochgebirgs-Anstiegen, die Erfahrung und Orientierungssinn sowie Trittsicherheit und ein bisschen Kletterfertigkeit erfordern. In der Regel sind die Wege ausreichend bezeichnet. Klettersteige und Felstouren, die den I. Schwierigkeitsgrad der UIAA-Skala überschreiten und somit eine Seilsicherung erfordern, sind bewusst nicht mit aufgenommen.

Um die Anforderungen auf einen Blick einschätzen zu können, tragen die Tourenvorschläge verschiedene Farbmarkierungen, die aber nichts über die Länge der Unternehmung aussagen. Die Schwierigkeitsangaben beziehen sich auf Wege in trockenem und unbeschädigtem Zustand. Je nach Witterungseinflüssen kann die Schwierigkeit einer Tour erheblich anwachsen.

GPS-Tracks und Koordinaten der Ausgangspunkte

Zu diesem Wanderführer stehen auf der Internetseite des Bergverlag Rother (www.rother.de) GPS-Tracks und Koordinaten der Ausgangspunkte zum kostenlosen Download bereit – Benutzername: **gast** / Passwort: **wfKauta05asr1F**

Sämtliche GPS-Daten wurden über eine digitale Karte erfasst. Verlag und Autor haben die Tracks und Wegpunkte nach bestem Wissen und Gewissen überprüft. Dennoch können wir Fehler oder Abweichungen nicht ausschließen, außerdem können sich die Gegebenheiten vor Ort zwischenzeitlich verändert haben. GPS-Daten sind zwar eine hervorragende Planungs- und Navigationshilfe, erfordern aber nach wie vor sorgfältige Vorbereitung, eigene Orientierungsfähigkeit sowie Sachverstand in der Beurteilung der jeweiligen (Gelände-)Situation. Man sollte sich für die Orientierung auch niemals ausschließlich auf GPS-Gerät und -Daten verlassen.

Leicht Leichte Touren für Wanderer. Forst- und Alpwege sowie leichte Pfade und Steige sind gut bezeichnet (lückenlos markiert und ausreichend beschildert). Nur mäßige Steigungen, eventuell mit kurzen Aufschwüngen. Keine ausgesetzten Passagen. Selbst bei zweifelhaften Wetterverhältnissen relativ gefahrlos. Auch für Senioren geeignet. Für Kinder nur empfehlenswert, wenn die Forst- oder Alpwegabschnitte nicht zu lang sind.

Mittel Mittelschwere Touren für trittsichere und geübte Bergwanderer. Längere steile Steige mit gelegentlich sehr steilen Aufschwüngen setzen oft Ausdauer und den Verhältnissen angepasste Ausrüstung voraus. Kurze unmarkierte und Orientierungssinn erfordernde Unterbrechungen sowie ausgesetzte, teils drahtseilversicherte Stellen können vorkommen. Bei Wetterverschlechterung alpine Erfahrung unerlässlich. Etappen im Schrofengelände sind frei von Kletterpassagen. Abgesehen von ausgedehnten Touren bei entsprechender Vorsicht auch für Kinder geeignet.

Schwierig Schwierige Touren. Nur für erfahrene, trittsichere und schwindelfreie Bergwanderer. Längere steile oder sehr steile Steige in manchmal nur spärlich markiertem oder unmarkiertem Felsgelände mit ausgesetzten Abschnitten setzen Kondition und alpine Ausrüstung sowie guten Orientierungssinn voraus. Auf leichten Kletterpassagen wird die Zuhilfenahme der Hände notwendig. Aufgrund der nicht selten beachtlichen Höhenlage (2500–3300 m) ist stabiles Wetter unbedingte Voraussetzung.

Rote und schwarze Routen bieten oft leichte und lohnende Zwischenziele. Freunde beschaulicher Touren finden hier viele weitere Vorschläge.

Anfahrt

Bus und Bahn: Die Ausgangsorte zu den einzelnen Wanderungen sind bis auf wenige Ausnahmen mit dem Bus erreichbar, Landeck hat zudem Bahnanschluss. Postomnibusse verkehren jeweils von Landeck durch das Oberinntal zum Reschenpass sowie ins Kaunertal bis 2750 m Höhe (höchste Postbushaltestelle Österreichs), zudem nach Fließ, Kaunerberg, Serfaus und über Spiss nach Samnaun.

Mit dem Mountainbike über dem herbstlich einsamen Kaunertal.

Auto: Das vorgestellte Gebiet ist am besten über den Fernpass und die Autobahn Imst – Landeck bzw. über die Inntal-Autobahn oder durch den Arlbergtunnel zu erreichen.

Gefahren

Gefährliche Situationen entstehen beim Bergwandern meistens durch das Zusammentreffen von subjektiven und objektiven Gefahren. Subjektive Gefahren können durch Unwissenheit, Leichtsinn (mangelnde Ausrüstung) oder unzureichendes Training ausgelöst werden. Sie lassen sich mit entsprechendem Verhalten, insbesondere durch die Fähigkeit zur kritischen Selbsteinschätzung, auf ein Minimum reduzieren. Objektive, von den Naturgesetzen bestimmte Gefahren bestehen bei Nebel, Temperaturstürzen und Gewittern sowie Steinschlag, Vermurungen und Lawinen. Sie lassen sich selbst mit bester Ausrüstung, einer guten Beobachtungsgabe und ausreichend Erfahrung nur auf ein gewisses Maß beschränken.
Bei Regen, Nebel oder Schneegestöber können sich grasige, steinige oder felsdurchsetzte Steige in heimtückische Rutschbahnen verwandeln. Selbst gut markierte Wege sind im Nebel schnell aus den Augen verloren. Bei Ge-

Die Verpeilhütte mit dem gleichnamigen Bach im Naturpark Kaunergrat.

Die Top-Touren der Region Kaunertal-Oberinntal

Oberer Sattelkopf und Zwölferkopf, 2596 m

Drei-Gipfel-Tour über den Schönjöchlkamm in den Samnaunbergen mit traumhafter Aussicht auf die firngekrönten Majestäten der Ötztaler Alpen (Tour 8, 7.30 Std.).

Furgler, 3004 m

Steigernde Anforderungen mit leichter Kletterei erwarten den erfahrenen Bergwanderer auf der Überschreitung dieses prächtigen Charakterberges zwischen Trisanna und Inn (Tour 12, 5.30 Std.).

Pfundser Ochsenbergalm, 2021 m

Etwas Spürsinn verlangt die pfiffige, eine uralte Bergbauernkultur vor Augen führende Teilrunde beiderseits des wilden Stubenbachs bei Pfunds (Tour 18, 6.15 Std.).

Gasthof Berghof, 1400 m

Ein teilweise gesicherter Steig entführt den staunenden Besucher in die tosende Unterwelt der Radurschl-Schlucht, ein spannendes Seitental des Oberen Inns (Tour 20, 2.50 Std.).

Mataunkopf, 2886 m

Zwischendurch steinwüstenartige und Ausdauer fordernde Hochgebirgs-Unternehmung zu den zwei klaren Goldseen und weiter zum erstklassigen Aussichts-Doppelgipfel an der Grenze zu Italien (Tour 31, 5.00 Std.).

Großer Schafkopf, 2998 m

Der höchste Gipfel des Nauderer Bergkranzes auf der Wasserscheide zwischen Mittelmeer und Schwarzem Meer ist Ziel dieses sportlichen Wandervergnügens durch das verschwiegene Saletz (Tour 32, 9.15 Std.).

Gsallalm, 1970 m

Eine überraschend kühne und lange Himmelsleiter beinhaltet dieser ungewöhnliche Almausflug im vorderen Kaunertal (Tour 39, 4.00 Std.).

Schweikert, 2879 m

Eine Tour für schwindelfreie Individualisten, die in leichter Kletterei diese unnahbar wirkende Felsbastion über dem Dörfchen Feichten erklimmen können (Tour 40, 8.15 Std.).

Glockturm, 3353 m

Mit Fels und Steilfirn wartet bei besten Bedingungen der Paradegipfel am Zentralalpenweg auf, eines der markantesten gletscherfreien Bergziele der gesamten Ötztaler Alpen und der mit Abstand höchste Berg der vorliegenden Tourensammlung (Tour 46, 7.00 Std.).

Ölgrubenjoch, 3044 m

Ohne große Probleme und mit unvergesslichem Blick auf den höchsten Berg Tirols lässt sich vom Gepatschhaus aus die magische 3000-Meter-Grenze überschreiten (Tour 50, 6.00 Std.).

wittern gilt: Gipfel, Grate, Felsvorsprünge und Hochflächen sofort verlassen, weg von Drahtseilen oder Eisengeländern, keine einzeln stehenden Bäume aufsuchen! Besonders hartgefrorene Altschneereste oder von Bächen unterspülte Schneebrücken bergen oft unterschätzte Gefahren.
Auf das eventuell erforderliche Queren von Schneefeldern wurde bei den einzelnen Touren nicht eingegangen, da deren Vorkommen stark witterungsabhängig ist (siehe auch unter »Jahreszeit«). Alpiner Notruf: 140 (Festnetz), 112 (Mobilfunk).

Einblick in den hochalpinen Talschluss des Kaunertals.

Ausrüstung

Selbst bei reinen Talwanderungen sind Trekking- oder Leichtbergschuhe mit griffiger Sohle vorteilhaft. Diese bieten ausreichenden Halt und bewahren vor der Verletzungsgefahr im Knöchelbereich durch spitze Äste und scharfe Steine. Außer Regen-, Wind- und Kälteschutz sowie Reservewäsche und Sonnencreme können eine Stirnlampe und ein Erste-Hilfe-Set gute Dienste leisten. Teleskop-Wanderstöcke sind besonders im Abstieg zwecks Gelenkentlastung sehr empfehlenswert. Bei Nässe sowie Querungen von Bächen und Schneefeldern bieten sie eine zusätzliche Sicherheit.
Neben genügend Proviant sollte man den Flüssigkeitsnachschub nicht vergessen. Wem die Getränkedosen am Wegesrand ein Dorn im Auge sind, der entscheidet sich für eine umweltfreundliche Trinkflasche. Man kann sie an jeder Einkehr nachfüllen, und sie hinterlässt keinerlei Abfall.

Jahreszeit

Für alpine Wandervorschläge, bei denen bereits die Ausgangsorte teilweise über 1500 m hoch liegen, verlässliche »günstigste Jahreszeiten« angeben zu wollen, erweist sich in der Praxis als wenig sinnvoll. Während aus dem Oberinntal in schneearmen Wintern beispielsweise um Weihnachten durchaus verhältnismäßig unproblematische Touren in mittleren Höhenla-

gen der Südseiten machbar sind, können Wetterstürze den gesamten Sommer und Herbst über das Bergwandern auf Tage hinaus vereiteln. Es ist sehr empfehlenswert, sich vorab beim zuständigen Verkehrsamt bzw. Wetterdienst (siehe S. 15) über die aktuellen Verhältnisse zu erkundigen.
Bis in den Juli hinein stellen nordwest- bis nordostgerichtete Altschneefelder in Höhen über 2000 m Gefahren dar. Mit ziemlicher Wahrscheinlichkeit sind die Gefahren nicht unerheblich. Für Touren in den Tälern und hinauf bis zur Waldgrenze eignet sich durchaus schon der Juni. Ab Oktober ist besonders schattseitig allgemein mit vereisten Passagen zu rechnen.

Symbole

- mit Bahn/Bus erreichbar
- Einkehrmöglichkeit unterwegs
- für Kinder geeignet
- Ort mit Einkehrmöglichkeit
- Einkehrmöglichkeit
- Bushaltestelle
- Parkplatz
- Fahrt mit Seilbahn
- Gipfel
- Pass, Sattel
- Kirche, Kapelle, Bildstock
- Burg, Schloss, Ruine
- Picknickplatz
- Wasserfall

Auf der Fließer Sonnenterrasse, im Hintergrund die Parseiergruppe der Lechtaler Alpen.

Würzig duften die frisch gemähten Praiser Bergwiesen oberhalb von Pfunds.

Landkarten

Die abgebildeten Kartenausschnitte mit den eingetragenen Routen wurden der Freytag & Berndt-Wanderkarte im Maßstab 1:50.000 entnommen. Sie ist für den Bergwanderer ein zuverlässiges Hilfsmittel. Für das vorgestellte Gebiet ist folgendes Blatt empfehlenswert: 251 »Ötztal – Pitztal – Kaunertal – Wildspitze«.

Wer im weglosen Gelände auf Entdeckung gehen möchte, der wählt vorzugsweise die Alpenvereinskarte im Maßstab 1:25.000 oder für Gebiete, die von diesem Kartenwerk nicht abgedeckt werden, die Österreichische Karte des Bundesamtes für Eich- und Vermessungswesen im Maßstab 1:50.000.

Mit Kindern unterwegs

Ob sich Touren für Kinder eignen, hängt nicht von der Länge der Anstiege oder der Ausgesetztheit der Wege ab, sondern vielmehr vom Abwechslungsreichtum einer Wanderung. Je größer der Anteil breiter Forststraßen, desto langweiliger empfinden Kinder die »Hatscherei«. Routen auf abenteuerlichen Waldpfaden und kurzweiligen Steigen zu Wildbächen und Wasserfällen, Bergseen und Aussichtsfelsen finden immer große Akzeptanz.

Information

Landes-Fremdenverkehrsamt

- Tirol-Info, Maria-Theresien-Straße 55, A-6020 Innsbruck, Tel. +43 512 72720, info@tirol.at, www.tirol.at

Regionale Fremdenverkehrsämter

- Tourismusverband Tirol West, A-6500 Landeck, Tel. +43 5442 65600, info@tirolwest.at, www.tirolwest.at
- Serfaus-Fiss-Ladis Information, Gänsackerweg 2, A-6534 Serfaus, Tel. +43 5476 6239, Fax: +43 5476 6813, info@serfaus-fiss-ladis.at, www.serfaus-fiss-ladis.at
- Tourismusverband Tiroler Oberland, A-6531 Ried im Tiroler Oberland, Tel. +43 50 225100, Fax: +43 50 225110, office@tiroler-oberland.com, www.tiroler-oberland. com
- Gäste-Information Samnaun, Dorfstraße 4, CH-7563 Samnaun-Dorf, Tel. +41 81 8618830, Fax: +41 81 8602165, samnaun@engadin.com, www.samnaun.ch
- Nauders Tourismus, Dr.-Tschiggfrey-Str. 66, A-6543 Nauders, Tel. +43 50 225400, Fax: +43 50 225410, office@nauders.com, www.nauders.com
- Kaunertal Tourismus, Feichten 134, A-6524 Kaunertal, Tel. +43 50 225200, Fax: +43 50 225210, office@kaunertal.com, www.kaunertal.com

Vorwahl aus Deutschland: für die österreichischen Orte 0043, dann die Ortsvorwahl ohne die 0, für Samnaun 0041, ebenfalls ohne 0.
Wer vor der Tour den Wetterbericht verfolgt, wird in den seltensten Fällen feuchte Überraschungen erleben. Der Alpenverein hat zu diesem Zweck in Innsbruck den Alpinen Wetterdienst eingerichtet, Tonband: Tel. 0900 91156681 (nur in Österreich).

Über dem Reschenpass lenkt der Piz Lad den Blick auf sich. Nächste Doppelseite: Im Saletztal bei der Nauderer Skihütte.

Oberinntal

Die erste Hälfte dieser Tourensammlung verteilt sich auf die verschiedenartigen Berglandschaften beiderseits des Oberinntals, vom Landecker Innknie bis zur Kajetansbrücke. Im Westen sind dies die Samnaunberge, während den Hauptanteil der östlichen Talseite der zu den Ötztaler Alpen zählende Glockturmkamm ausmacht.
Nördlich von Landeck ragen die vielgestaltigen Kalkgipfel der stillen Lechtaler Alpen auf. Südlich und östlich der Stadt schließt sich in den Randbereichen der Samnaungruppe und der Ötztaler Alpen eine schmale schiefrige Zone mit gerundeten Bergeshöhen an. Auffallend gegensätzlich zeigt sich das Vegetationskleid. Auf der mit reizvollen Wanderrouten gesegneten Sonnenseite des Inns erstrecken sich oberhalb des Streifens der steilen Fließer Steppenhänge hoch reichende, artenreiche Bergwiesen. Auf der Seite der nördlichen Samnaunberge dagegen herrscht Fichtenwald vor.
Das in diesem Bereich eng eingeschnittene Inntal öffnet sich ab der Pontlatzer Brücke. Die meist verwitterungsfreudigen, gelegentlich auch aus relativ soliden Kalkriegeln bestehenden Bündner Schiefer bauen innaufwärts die Talflanken auf. Die Samnaunberge werden, abgesehen vom Stubental und Spisser-Tal, von kurzen Bachtälern gegliedert. Auffallend ist die früh von Rätoromanen aus dem Engadin besiedelte, fruchtbare Sonnenterrasse von Serfaus. Die von den Eiszeitgletschern gerundeten Formen der Berghänge sind mit einem dichten Netz von meist aussichtsreichen Wanderwegen überzogen. Die verhältnismäßig hohen Grasgipfel des Schönjöchlkamms bieten leichte Aufstiege und genussreiche Höhenwege.
Im Sommer ist die Samnaungruppe ein stilles Gebirge. Die Komperdellbahn zum Kölner Haus erleichtert manchen Gipfelbesuch. Der Hauptkamm mit seinen idyllischen Bergseen besteht aus Gneisen und Glimmerschiefern des Silvrettakristallins, angereichert mit Granit und Amphibolit. Einzelne Felsgestalten wie der Furgler (3004 m) oder der auf Unterengadiner Seite gelegene Piz Mundin (3146 m) geben markante Blickpunkte ab. Als Seltenheit im nördlichen Alpenraum gelten die bizarren Serfauser Erdpyramiden.
Ungleich kühner als die westlichen Nachbarn wirken die Berge des Glockturmkamms. Ihr Baumaterial ist das Ötztalkristallin: Gneise, Granite und Glimmerschiefer. Der Trumpf dieses Bergreviers sind die Alm- und Forstwege der unbesiedelten und weit hinauf bewaldeten Hochtäler. Aufgrund der langen Zustiegswege sind Gipfelziele im Kamm selbst an einem Tag kaum durchführbar. Zudem zeichnen sich die meisten, in der Regel über 3000 m hohen Erhebungen durch wegloses Felsgelände mit eingelagerten Gletschern aus und erfordern bergsteigerisches Können. Eines der wenigen vorgerückten Gipfelziele ist der Frudiger (2153 m) mit seinem Inntiefblick.

Lafairs im Oberinntal mit der Dreiergruppe Piz Alpetta, Piz Mundin und Piz Mezdi.

1 Zur Jägerhütte am Medriolbach

6.45 Std.

Auf dem E 5 in die südlichen Lechtaler Alpen

Eine sportliche Etappe des Europäischen Fernwanderwegs E 5 führt von Zams durch das spannende Tal des Lochbachs und über die Seescharte zur Memminger Hütte. Als Tagesausflug empfiehlt sich der untere Wegabschnitt, der mit schauerlichen Einblicken in den Schlund des Zammer Lochs begeistert.

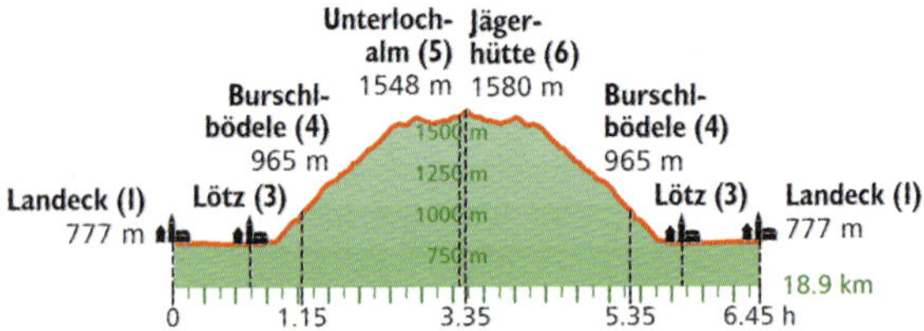

Ausgangspunkt: Landeck, Bahnhof, 777 m; Parkplatz.
Anforderungen: Gut bezeichneter, abschnittsweise felsiger Steig, anfangs Wirtschaftswege. Unterschiedlich steile und sehr sonnige Route, im Hochsommer früher Aufbruch ratsam, Steinschlaggefahr.
Höhenunterschied: 800 m.
Einkehr: Landeck, Zams, Lötz.

Vom Bahnhof in **Landeck (1)** spazieren wir auf dem Gehsteig der Bundesstraße Richtung Imst und biegen am Ortsschild von **Zams (2)** auf den Hinterfeldweg ab. Dieser Wirtschaftsweg schleicht fernab des Verkehrs am Inn entlang zur **Lötzer Brücke (3)**. Anschließend lenkt uns das Täfelchen der Via Alpina in den Burschelweg. Am Brunnen bei der Kapelle kann man auftanken, bevor es in die trockene Felsenwüste der gewaltigen Südabstürze der Lechtaler Alpen geht. Nach der Fußgänger-Autobahnüberführung nehmen wir rechts den Wanderweg und zweigen bei einer Ruhebank auf die Route zum Württemberger Haus ab.

Der breit angelegte Steig klettert zwischen Kiefern empor über den stei-

Kleine Kapelle an der Öffnung des Zammer Lochs, unterhalb der Südabstürze der Lechtaler Alpen.

len »Kniebrecher«. Diese Bezeichnung entspringt einer Sage. Ein angeheiterter und sittenlose Reden schwingender Bursche soll an einem Kassunti, dem ersten Fastensonntag, beim alten Brauch des Scheibenschlagens vom Teufel verfolgt zu Tal gehetzt sein und sich dabei den Fuß gebrochen haben. Anregende Tiefblicke auf Zams und die Innschleife tun sich auf. Wer im Hochsommer zu spät aufsteigt, fühlt sich wegen der starken Sonneneinstrahlung an die Gestade des Mittelmeers versetzt. Vom Aussichtspunkt **Burschlbödele (4)**, 965 m, präsentieren sich die Samnaunberge und der Venet, im Osten der Tschirgant. Auf dem nun weniger anstrengenden Weiterweg lassen gähnende Tiefblicke auf den Wildbach immer wieder innehalten. Hinter ein paar Grabenquerungen bummeln wir ohne weitere Steigung oberhalb der tiefen Klamm des Lochbachs, genannt Zammer Loch, taleinwärts. Beim Schmiedlerskreuz nähert sich unser Kurs dem Bach. Jenseits erheben sich die Riesenwände des wuchtigen Rauhekopfmassivs. Bald nach der **Unterlochalm (5)**, 1548 m, teilt sich beim Branntweinboden die Route. Wir lassen an der **Jägerhütte (6)**, 1580 m, nahe der Mündung des Medriolbachs die wild aufgereihte Gipfelrunde auf uns wirken, bevor wir den Abstieg auf dem Anstiegsweg antreten.

2 Steinseehütte, 2061 m

8.15 Std.

Alpenvereins-Einkehr unter der rassigen Dremelspitze

Die Südanstiege in die Lechtaler Alpen sind im Allgemeinen weniger bekannt als jene aus dem Lechtal. Einer der recht sonnigen Hüttenwege entführt den Bergwanderer vom Ufer des Inns ins erholsame Starkenbachtal und zur herrlich gelegenen Steinseehütte unter dem gleichnamigen Hochgebirgssee.

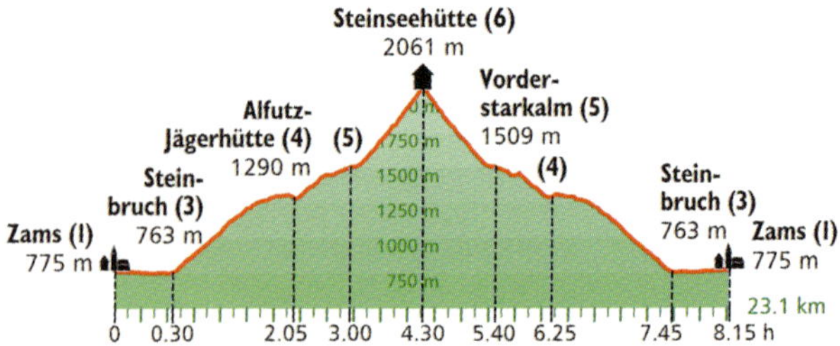

Ausgangspunkt: Zams, Bushaltestelle am Hauptplatz, 775 m; Parkmöglichkeit an der Venetbahn.
Anforderungen: Gut bezeichnete Güterwege und Steige, anfangs Straße. Nur Schlussetappe steil.
Höhenunterschied: 1370 m.
Einkehr: Zams, Steinseehütte.

Wir folgen am Hauptplatz in **Zams (1)** der Hauptstraße Richtung Krankenhaus und nehmen nach der **Lötzer Innbrücke (2)** ein kurzes Stück mit der Straße Richtung Imst vorlieb. Hinter der Autobahnauffahrt zweigt nach der Unterführung (Gehweg) beim **Steinbruch (3)** der steile Güterweg zur Steinseehütte ab.
Er wartet gleich zu Anfang mit einem Tunnel und schönen Ausblicken übers Inntal zum breit gelagerten Venetmassiv auf. Da der erste Abschnitt durch den lichten Nadelwald bis zur Garseilwiese be-

Die Kreuzjochspitze erhebt sich über dem Starkenbachtal.

reits früh der Sonne ausgesetzt ist, empfiehlt sich an heißen Sommertagen ein rechtzeitiger Aufstieg. Ab dem Fuß des Garseilkopfs führt der Weg dann weniger steil hinein ins Starkenbachtal. Vom Grubigjoch schießt ein riesiger Geröllstrom mit der derben Bezeichnung »Scheißet Riepe« zu Tal.

Bei der **Alfutz-Jägerhütte (4)**, 1290 m, an der Einmündung des Silbertals, zeigt sich bereits die rassige Steinkarspitze. Wir queren unterhalb auf der Holzbrücke den Starkenbach und wandern auf dem nicht sonderlich anstrengenden Ziehweg über dem Wasserlauf aufwärts zur **Vorderstarkalm (5)**, 1509 m, nachdem wir kurz zuvor den Wildkarlesbach überschritten haben. Über uns der Bergwerkskopf, jenseits die Kreuzjochspitze.

Vor der Talverzweigung bei der verfallenen Hinterstarkalm weist uns die Beschilderung auf einen kräftig anziehenden Steig, der im Bereich der Materialseilbahn den Steinseebach kreuzt und über den von Latschen bewachsenen, zuletzt grasigen Berghang empor zur ersehnten **Steinseehütte (6)** leitet. Der Alpenvereins-Stützpunkt der Sektion Landeck am Weg zur Hanauer Hütte steht etwas unterhalb eines Moränenwalls, der die Karwanne mit dem Steinsee abschließt. Lockend darüber die Hauptdolomit-Pyramide der Dremelspitze, einer der prächtigsten Gipfel der gesamten Lechtaler Alpen.

Abstieg wie Aufstieg.

3 *Kronburg, 1066 m*

3.40 Std.

Inntal-Entdeckungstour für Genießer

Zams wird mit seinem milden Klima auch das Meran Nordtirols genannt. An der wichtigen Römerstraße sowie an der bedeutenden Verbindung über den Arlberg gelegen, erlangte die Gemeinde durch das Frachtwesen einen frühzeitigen Reichtum.

Ausgangspunkt: Zams, Bushaltestelle am Hauptplatz, 775 m; Parkplatz an der Venetbahn.
Anforderungen: Meist gut beschilderte Forst- und Wirtschaftswege, Steige und Pfade, kurze Straßenabschnitte. Mäßig steile Anstiege.
Höhenunterschied: 370 m.
Einkehr: Zams, Kronburg, Rifenal.

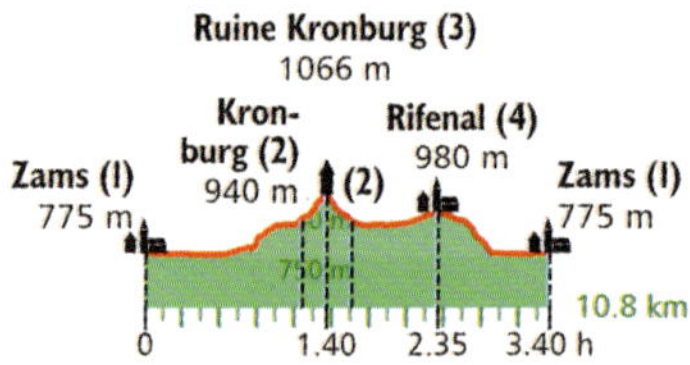

Wir nehmen am Hauptplatz in **Zams (1)** die Hauptstraße Richtung Krankenhaus und an der nächsten Bushaltestelle die Innstraße. Nach der Felswand hält ein schmales Sträßchen direkt auf den kecken Bergspitz mit der exponierten Ruine zu. Das Täfelchen »Kronburg« weist durch die Bahnunterführung. Nach der Bundesstraßenunterführung wählen wir den rechten Wirtschaftsweg, der bald in eine Fahrspur übergeht.

Stattliches Tourenziel: die Ruine Kronburg auf einer Felsenkuppe bei Zams.

Nun geht es bergan durch einen Waldstreifen und auf einem Steig mäßig steil durch den Mischwald hinauf. Unsere Route mündet in einen Forstweg, gleichzeitig Kreuzweg, und führt uns auf zwei Holzbrücken über das trockene Bett des Meranzbachs und einen Hangrutsch zum Kloster **Kronburg (2)**, 940 m, mit nettem Wallfahrtskirchlein.

Der an der Gaststätte abzweigende, schattige Waldsteig leitet uns, weniger anstrengend als erwartet, zu einer Bergschulter mit Tiefblick auf das von den Mieminger Bergen abgeriegelte Inntal. Angelegte Fels-

stufen führen bequem empor zum Torbogen, der uns in den Vorplatz der früheren Feste einlässt.

Kurz darauf ist unser Ziel, die **Ruine Kronburg (3)** mit dem mächtigen Turm erreicht. Sie wurde in den 1990er-Jahren restauriert. Der Burghügel war bereits in vorgeschichtlicher Zeit besiedelt und trug ursprünglich den keltischen Namen »Cirkaffe«. Zwischen den vielen Bäumen fällt der Blick ins obere Inntal, zur Meranzbachklamm unter dem Venetberg und zum Kronburg-Kirchlein.

Auf dem Rückweg von Kronburg bleiben wir dem Forstweg treu und schlendern durch Wald und über Bergwiesen hinauf nach **Rifenal (4)**, wo noch in knapp 1000 m Höhe Mais angebaut wird. Wir halten uns Richtung Zams und biegen beim Wirtshaus rechts ab.

Am Ortsende geht's beim Andachtshäuschen kurzzeitig auf eine schwach erkennbare Wiesenspur und, bevor diese in einen Fahrweg mündet, rechts durch die witzige »Wanderpfad-Allee«. Wie aus Großmutters Märchenbuch. Das Schild »Galrugg-Auwald« weist uns auf einen Feldweg, der nach der Kurve talwärts zu einer Gabelung leitet. Dort folgen wir Richtung Auwaldweg über steile Kehren dem netten Pfad – nach dem Wasserhäuschen die Beschilderung beachtend – ins Inntal und spazieren auf dem bekannten Kurs zurück nach **Zams (1)**.

4 Venet, 2512 m

7.45 Std.

Rundum-Schauwarte im Innknie

Zahlreich sind die markierten Aufstiegsrouten zum ausgedehnten Venetmassiv. Man könnte damit fast ein eigenes Wanderbüchlein füllen. Der Venet (Glanderspitze) gehört geografisch zu den Ötztaler Alpen, liegt aber, bedingt durch den Sattel der Pillerhöhe und das Tal des Pillerbachs, auffallend vom Hauptgebirge abgerückt. Die isolierte Lage im Innknie verleiht ihm den Rang eines großartigen Aussichtsberges. Neben den majestätischen Ötztalern reihen sich in nächster Nähe aneinander: Samnaunberge, Verwallgruppe, Lechtaler Alpen und der Tschirgant, darüber die Zugspitze und die Mieminger Kette.

Ausgangspunkt: Fließ, Bushaltestelle bei der oberen Kirche, 1073 m; Parkmöglichkeit.
Anforderungen: Gut bezeichnete Forstwege sowie Pfade und Steige, anfangs Bergsträßchen. Gipfelaufstieg überwiegend steil.
Höhenunterschied: 1440 m.
Einkehr: Fließ, Goglesalm.
Variante: Als alternativen Abstieg kann man nach der Goglesalm die in westlicher Richtung verlaufende Route über die Maranzwiesen und Bannholz zurück nach Fließ wählen.

Bei der oberen Kirche des auf einer Hangterrasse angesiedelten Dorfes **Fließ (1)** zweigt Richtung Pillerhöhe – Gacher Blick ein Sträßchen ab, das ab Silberplan über bunte Bergwiesen ansteigend hervorragende Blicke ins Inntal und zu den Zackenkronen des Kaunergrats schenkt. Bevor diese Route

Das Venetmassiv von der Pillerhöhe aus betrachtet.

die Pillerhöhe erreicht, weist uns die Bezeichnung »Goglesalm« auf einen auch für Autos freigegebenen Forstweg (Pfadabkürzer möglich). Später windet sich ein Ziehweg in zahlreichen Kehren durch den Gogleswald hinauf zur bewirtschafteten **Goglesalm (2)**, 2017 m. Man braucht dabei nur immer der Hauptroute zu folgen. Im oberen Abschnitt weitet sich der Ausblick auf die Ötztaler Alpen. Direkt vor der Hütte beginnt ein gemütlicher Wanderpfad, der über die Weidehänge sanft bergan leitet. Bald darauf zweigt bei einer Steinmarkierung rechts ein kräftig ansteigender Steig ab. Dieser überwindet den südwestlich ausgerichteten Höhenrücken zum höchsten Punkt des mehrgipfligen Venetmassivs. Der kreuzgeschmückte **Venet (3)** trägt auch den Namen **Glanderspitze** (2512 m). Der Abstieg erfolgt auf dem Anstiegsweg.

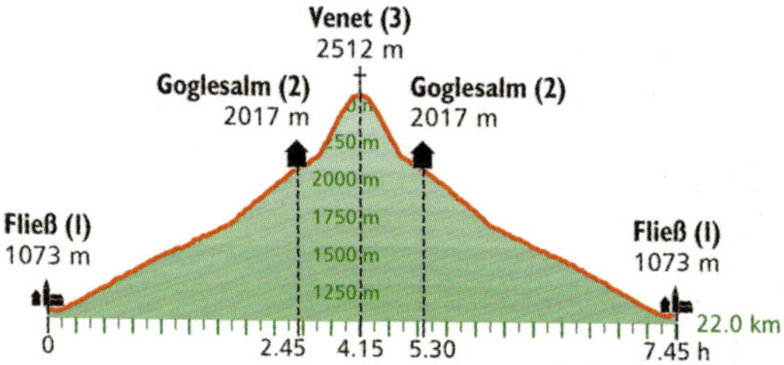

5 Thialkopf, 2398 m

6.15 Std.

Nördlichster Samnaungipfel

Hochgallmig ist einer der beiderseits des Inns liegenden Fließer Ortsteile. Von hier bietet sich der romantische Aufstieg durch den artenreichen Grametwald und vorbei am hoch gelegenen Grametsee zum Thialkopf an.

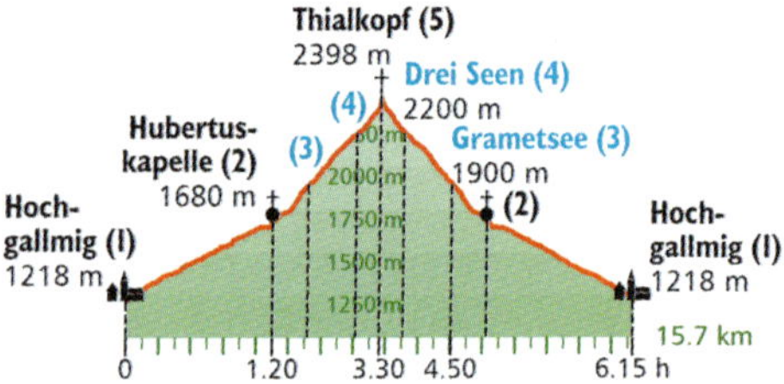

Talort: Fließ, 1073 m.
Ausgangspunkt: Kirche in Hochgallmig, auf der Südseite des Inns oberhalb von Urgen, 1218 m; beschränkte Parkmöglichkeit am Ortseingang.
Anforderungen: Spärlich bezeichnete Forstwege und Steige. Kurze steile Abschnitte. Etwas Orientierungssinn vorteilhaft, bei Nebel nicht empfehlenswert.
Höhenunterschied: 1180 m.
Einkehr: Hochgallmig.

Unterwegs zum Thialkopf entdeckt man den idyllischen Grametsee.

Von der Kirche in **Hochgallmig (1)** schwingt sich ein aussichtsreiches Sträßchen (an der Gabelung rechts halten) in wenigen Windungen hinauf durch das kleine Bergdorf. In der Kurve von Stadelesegg zweigt der Forstweg mit der Nr. »18« ab. Nach der ersten Kehre genießt man vom Strauchhang einen schönen Ausblick auf Landeck und die Streusiedlungen auf der Sonnenseite des Venet. Auch das Felstrapez der Parseierspitze – höchster Gipfel der Nördlichen Kalkalpen – zeigt sich von hier.

In weiten Wegschleifen durch Fichtenwald gewinnen wir allmählich an Höhe. In der Kurve nach der **Hubertuskapelle (2)**, 1680 m, leitet die Wandermarkierung auf einen wenig anstrengenden Steig. Bald haben die Lärchen die Oberhand. Kiefern und vereinzelte Zirben gesellen sich hinzu. Bei der verfallenen Hochgallmiger Alm macht uns ein Schild darauf aufmerksam, dass eine Besteigung des Thialkopfs, im Alpenvereinsführer »Dialkopf« geschrieben, nur für Bergkundige geeignet sei. Von der Alm mit Brünnlein auf Pfadspuren über das ehemalige Almgelände emporsteigend, heißt es auf die spärlichen Markierungen achten.

Im Wald treffen wir wieder einen gut erkennbaren und deutlich markierten Steig an. Von dem an der Waldgrenze in eine tiefe Mulde eingebetteten und von Alpenrosen umrahmten **Grametsee (3)**, 1900 m – die Einheimischen nennen das idyllische Bergauge Gondelsee – scheint das Gipfelkreuz täuschend nah. Die steile Strauchzone mit den letzten Zirben zieht sich jedoch noch ein bisschen in die Länge. Über einen weiten Bogen erreichen wir auf einem reizvollen Absatz unterm Gatschkopf die **Drei Seen (4)**, 2200 m, Tümpel wäre die treffendere Bezeichnung. Teils blockige, teils begrünte Hänge leiten zum **Thialkopf (5)**. Faszinierend bauen sich über dem Tal der Sanna die Kalkzinnen der Lechtaler Alpen auf. Der Abstieg erfolgt auf dem Anstiegsweg.

6

Fisser Alm (Schöngampalm), 1878 m

3.50 Std.

Leichter Ausflug ins Urgtal

Die entspannende Jausenwanderung führt von Hochgallmig ins stille Urgtal, über dem sich der Hauptkamm der Samnaungruppe und der Schönjöchlkamm vereinen.

Talort: Fließ, 1073 m.
Ausgangspunkt: Kirche von Hochgallmig, auf der Südseite des Inns oberhalb von Urgen, 1218 m; beschränkte Parkmöglichkeit am Ortseingang.
Anforderungen: Gut bezeichnete Forst- und Almwege sowie teils feuchte Steige, anfangs Bergsträßchen. Nur mäßig steile Anstiege.
Höhenunterschied: 660 m.
Einkehr: Hochgallmig, Fisser Alm.
Variante: Ein schöner Abstecher führt kurz vor dem Erreichen der Fisser Alm (Schöngampalm) weiter am Urgbach aufwärts zum Talschluss mit der Lader Urgalm (1884 m).

Von der Kirche der ehemaligen Knappensiedlung **Hochgallmig (1)** schwingt sich ein aussichtsreiches Sträßchen (an der Gabelung rechts halten) in wenigen Windungen hinauf durch das kleine Bergdorf. Uns zu Füßen bahnt sich der aus dem Unterengadin herbeiströmende Inn seinen Weg durch die Talenge. Vom Straßenende bei den obersten Häusern, genannt Stadelesegg, geht es Richtung Fließ auf einem Forstweg gemütlich durch einen Fichtenwald am Berghang entlang.
An der Wegverzweigung beim Kreuz wählen wir die Route ins Urgtal und schlendern hinauf zur kleinen **Fließer Ochsenalm (2)**, 1543 m. Der an der Hütte vorbeiführende Ziehweg

Bei der Urgener Holzbrücke mündet das Urgtal ins Inntal.

wechselt nach der Bachbrücke in einen anfangs etwas feuchten Steig, der mäßig steil die Almböden quert. Nach nochmaliger Überschreitung eines Bächleins geht's durch einen Waldflecken mit Fichten und Lärchen und anschließend auf einem Brücklein über den Urgbach zur unbewirtschafteten **Landecker Skihütte (3)**, 1766 m, am Fuß des Gatschkopfs.
Der Steig führt uns nun ein Stück am Bach aufwärts. Die letzte Etappe wandern wir bequem auf dem Almweg hinauf zur Jausenstation **Fisser Alm (4)** (Schöngampalm), an der Baumgrenze unterm Zwölferkopf gelegen.
Rückkehr auf dem Anstiegsweg.

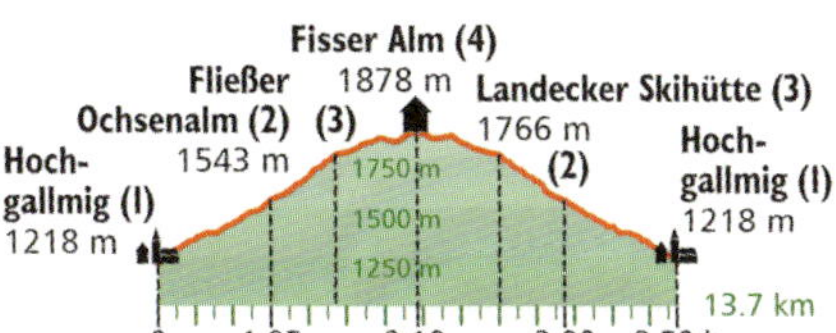

7 Möseralm, 1812 m

2.30 Std.

Vergnügliche Spazierrunde auf dem Fisser Sonnenbalkon

Das alte rätoromanische Haufendorf Fiss erfreut sich einer aussichtsreichen Plateaulage. Um den Blick über das Gipfelmeer der Ötztaler Alpen schweifen lassen zu können, bedarf es deswegen keiner anstrengenden Unternehmungen. Bereits auf den einladenden Wanderwegen im Bereich der bunt blühenden Bergwiesen oberhalb des bekannten Wintersportortes kommt der Genusswanderer voll auf seine Kosten.

Ausgangspunkt: Fiss, Bushaltestelle an der Post, 1420 m; ein großer Wanderparkplatz findet sich unterhalb des Dorfes an der Straße, die nach Serfaus führt.

Anforderungen: Bestens bezeichnete Forstwege, Pfade und Steige. Nur mäßig steile Anstiege.

Höhenunterschied: 390 m.

Einkehr: Fiss, Möseralm.

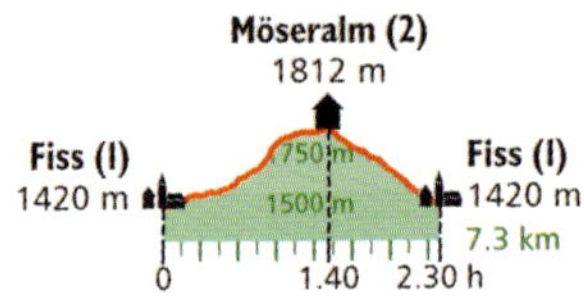

Nahe der Post in **Fiss (1)** zweigt beim Hotel Tirol ein Sträßchen in Richtung der Seilbahnen ab, leitet uns bergauf durchs Dorf und unterhalb der Seilbahn-Talstation zum Schlosshotel. Am Ortsende lenkt der Wanderwegweiser »Beutelkopf« auf einen Forstweg. Der am Hang entlangführende Waldlehrpfad erklärt uns allerlei Bäume und Sträucher. Hinter der Querung des Beutelbachs schlendern wir unter einem Skilift hindurch. Ab einer Gabelung steigt die Route an. Nach der Wegschleife versäume man nicht die Abzweigung des vergnüglichen, wurzeligen Steiges zum Beutelkopf. Der weniger schöne Forstweg führt ebenfalls zur Möseralm.

Kurz darauf stößt unser Kurs auf einen Ziehweg, der sogleich wieder zum Steig wird. An der Verzweigung halten wir uns Richtung Möseralm.

Vorbei an liebevoll gepflegten Bergwiesen führt der Weg zur Möseralm.

Die Route mündet an der Waldgrenze unter der Kuppe des Beutelkopfs in einen gemütlichen Ziehweg. Dieser hält über Bergmähder und abermals unter dem bekannten Skilift hindurch kurz auf das Fisser Joch zu. Im weiteren Verlauf geht's auf einem Pfad unterm Unteren Sattelkopf durch Waldstreifen und über Wiesenflecken mit einer umfassenden Ausschau in die Ötztaler Alpen hinüber zur **Möseralm (2)**. Von der Einkehr gewinnt man einen hübschen Tiefblick auf Fiss.

Als Abstieg wählen wir den breiten, in wenigen Kehren über ein Liftgebiet leitenden Almweg und folgen an der Gabelung im Wald dem Teersträßchen Richtung Fiss. Kurz darauf schwenken wir auf den Waalweg ab, einen reizvollen Wanderpfad, der an einem Bewässerungsgraben entlang unter der Sesselbahn hindurch und über die Wiesenhänge zurück nach **Fiss (1)** führt.

TOP **8**

Oberer Sattelkopf und Zwölferkopf, 2596 m

7.30 Std.

Auf den Schönjöchlkamm in den Samnaunbergen

Der erhebende Gang über den problemlosen Schönjöchlkamm fesselt mit traumhaften Ausblicken auf die firngekrönten Majestäten der Ötztaler Alpen.

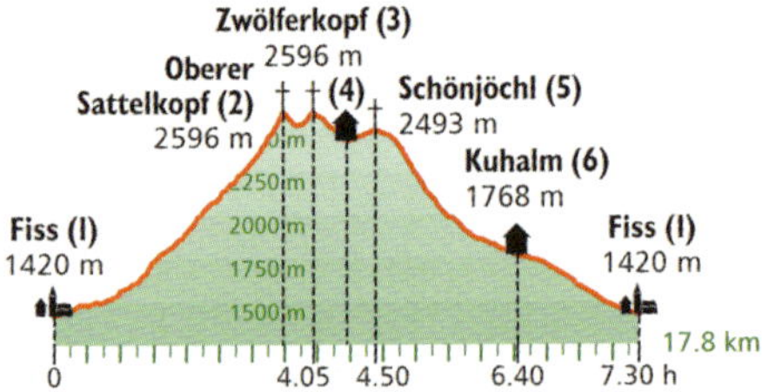

An der Abstiegsroute vom Schönjöchl steht dieser markante Felsturm.

Ausgangspunkt: Fiss, Bushaltestelle an der Post, 1420 m; Parkplatz unterhalb des Dorfes an der Straße nach Serfaus.
Anforderungen: Gut bezeichnete, teils blockige Steige, Forst- und Almwege. Steile Etappen (auch im Abstieg) fordern etwas Kondition. Bei zweifelhaftem Wetter und Nebel ungeeignet.
Höhenunterschied: 1320 m.
Einkehr: Fiss, Bergrestaurant Schönjöchl, Kuhalm.

Nahe der Post in **Fiss (1)** zweigt beim Hotel Tirol ein Sträßchen zu den Seilbahnen ab und leitet uns unterhalb der Talstation zum Schlosshotel. Am Ortsende lenkt der Wanderwegweiser »Beutelkopf« auf einen am Hang entlangführenden Forstweg. Ab der Wegteilung steigt die Route an. Bald nach der Kehre versäume man nicht die Abzweigung des Steiges zum Beutelkopf. Kurz darauf stößt unser Kurs auf einen Ziehweg, der gleich wieder zum Steig wird. An der Gabelung folgen wir der Bezeichnung »Sattelkopf«

und queren an der Waldgrenze einen weiteren Ziehweg. Danach geht's auf dem spärlich markierten Pfad Richtung Sattelköpfe im Bereich der nur noch von einzelnen Fichten bestandenen Bergwiesen empor.
Ein steilerer Grassteig schwingt sich bald über Heidehänge bergan. Über den Super-Skiböden des Komperdells erhebt sich der Furgler. Ab der Verzweigung im Sattel unterm Mittleren Sattelkopf schreiten wir erst weniger steil über Weidehänge, bevor wir nach der Kreuzung des Höhenweges mit einer kraftraubenden Schlussetappe den **Oberen Sattelkopf (2)** erreichen. Auf dem gut markierten, anfangs blockigen Grat geht's nun zum 2510 m hohen Sattel. An der Gabelung nehmen wir die Route zum **Zwölferkopf (3)**. Danach wandern wir über den Rücken bergab zum Bergrestaurant Schönjöchl (2432 m) an der Bergstation der Schönjöchlbahn auf dem **Fisser Joch (4)**. Lohnender als der Fahrweg ist nun der Steig über den meist grasigen Höhenzug zum kreuzgeschmückten Gipfel des **Schönjöchls (5)**, 2493 m, mit weitem Rundblick. Als Abstieg nach Fiss wählen wir den ostseitigen Steig und halten uns an der Verzweigung an die mit »Nr. 7« beschilderte Route. Der steile und anfangs schrofendurchsetzte Grasrücken geht in die Knie. Blickfang an der Baumgrenze ist ein riesiger, gekippter Felspfeiler. Der weitere Abstieg zur **Kuhalm (6)**, 1768 m, bald auf einem Almweg, ist bestens beschildert. Auf der letzten Etappe von der Gabelung nach der Querung der Sesselbahn hinunter nach **Fiss (1)** bleiben wir einfach dem nun geteerten Almweg treu.

9 Zu den Serfauser Erdpyramiden

2.00 Std.

Erholungswandern im Komperdell

Im Bereich der Moränenzone zwischen dem Edelbach und dem Hinterkreithbach lenken oberhalb der Komperdell-Talstation skurrile »Miniaturgebirge« den Blick auf sich: die Serfauser Erdpyramiden. Diese seltenen und verhältnismäßig kurzlebigen Erosionsgebilde bestehen – auch wenn sie gar nicht danach aussehen – aus festem Moränenschutt und können deshalb ihre leichter abspülbare Umgebung überleben.

Ausgangspunkt: Serfaus, Bushaltestelle am Muirenhof, 1429 m; Parkplatz am Ortseingang.
Anforderungen: Gut bezeichnete Wirtschaftswege. Leichte Steigungen.
Höhenunterschied: 290 m.
Einkehr: Serfaus.

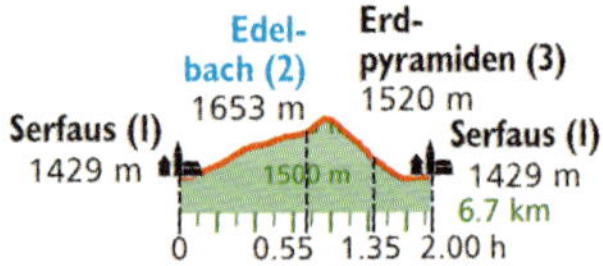

Wir spazieren vom Muirenhof in **Serfaus (1)** zur Ortsmitte, halten uns am Kirchplatz Richtung Herrenanger und dann an den breiten, steigenden Malbrettweg. Vom Ortsende geht es auf einem zu Beginn geteerten Wirtschaftsweg weiter. Bald öffnet sich ein prächtiger Inntalblick. Wo sich der Weg teilt, halten wir uns Richtung Kölner Haus und wandern an einem Bewässerungsgraben entlang, über blumenreiche Matten, in sanfter Steigung direkt auf den markanten Furgler zu. An der Verzweigung beim Wegkreuz sowie an der folgenden Gabelung bleiben wir dem Kurs Richtung »Kölnerhaus« treu. Bald nach der Querung des **Edelbachs (2)**, am höchsten Punkt unserer Wanderung (1720 m), schwenken wir links auf die wieder talwärts führende Wanderroute Nr. 10 Richtung Serfaus ab. Auf diesem ausgewaschenen und steilen Fahrweg gelangen wir über die Skiabfahrtsschneise zu den **Erdpyramiden (3)**. Leider montiert man den Bretterschutzzaun am Pistenrand im Sommer nicht ab, um den Ausblick auf diese Natur-Attraktion von oben zu ermöglichen. Schließlich sieht man eine solche bizarre Szenerie nicht alle Tage. Ein weiteres Mal den Edelbach querend und dann an der Komperdellbahn vorbei schließt sich kurz darauf in **Serfaus (1)** diese nette, kleine Erholungsrunde.

Serfauser Erdpyramiden.

10 Alpkopf, 2022 m

4.15 Std.

Gipfelbummel beim Kölner Haus

In Serfaus steht Alt und Neu unmittelbar nebeneinander: hier eine anheimelnde Bauernhoffassade, dort ein nüchternes Hotel oder glänzendes Schaufenster – ein etwas gewöhnungsbedürftiges Ortsbild. Die verkehrstechnische Besonderheit des internationalen Höhen- und Luftkurortes und vor allem im Winter rege besuchten Bergdorfes über dem Oberinntal ist die umweltfreundliche U-Bahn.

Ausgangspunkt: Serfaus, Bushaltestelle am Muirenhof, 1429 m; Parkplatz am Ortseingang.
Anforderungen: Hervorragend bezeichnete Natursträßchen, Forst- und Almwege, kurze Pfadabschnitte. Nur mäßig steile Anstiege.
Höhenunterschied: 660 m.
Einkehr: Serfaus, Högalm, Kölner Haus.

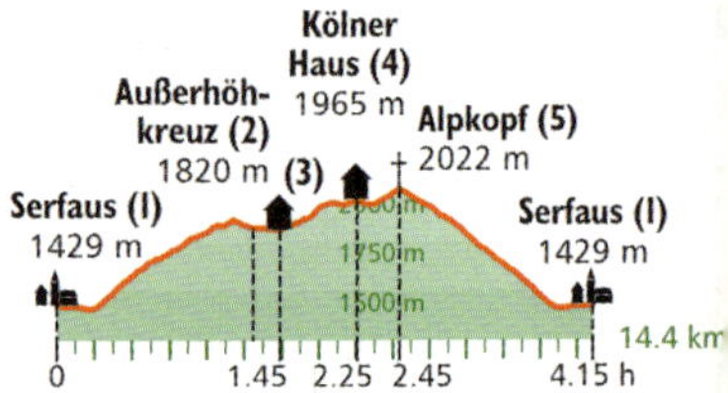

Vom Muirenhof in **Serfaus (1)** gehen wir hinein ins Dorf. Das Schild »Mühlbachweg« weist uns talwärts. Nach der Argebachbrücke folgen wir dem anfangs geteerten Natursträßchen Richtung Rodelhütte. Die mit »Kölner Haus« beschilderte Hauptroute leitet uns bergan durch Nadelwald. Der bald abzweigende Forstweg mit dem Wegweiser »Bödenwald« schenkt Tiefblicke auf den Dorfflecken.

An der nächsten Gabelung folgen wir der Beschilderung »Waal-Weg zum Observatorium« und halten uns an der anschließenden Wegteilung an die weiterhin Richtung Observatorium führende Route 12 C. An der folgenden Verzweigung bleiben wir auf dem Weg 12 C und wandern gemütlich über die

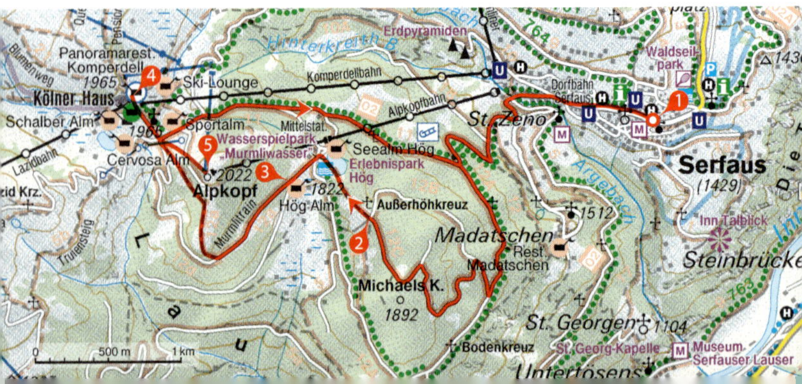

Bei der Einkehrstation Högalm.

Anhöhe knapp unterhalb des Michaelskopfs mit einem kleinen Höhenverlust zur Kreuzung beim **Außerhöhkreuz (2)**, 1820 m, einem netten Brotzeitplätzchen mit Bank. Wer könnte hier einfach so vorübergehen, ohne seinen knurrenden Magen beruhigt zu haben? Von der nun auf einem flachen Wiesenpfad verlaufenden Route wechseln wir an der Wegkreuzung beim Observatorium auf den Wanderweg 12 A und kommen Richtung Kölner Haus an der **Högalm (3)**, 1810 m, vorbei. Nun geht's durch lichten Nadelwald und auf dem mit »12 D« bezeichneten Almweg über eine Kuppe zu ein paar Erdpyramiden, wo uns ein Pfad über Kehren bergauf zum **Kölner Haus (4)**, 1965 m, leitet. Verlockend nah zeigt sich von diesem betriebsamen Alpenvereins-Stützpunkt mit der Bergstation der Komperdellbahn der Furgler.
Zurück zu der vom Aufstieg bekannten Verzweigung unterhalb des Kölner Hauses. Hier weist uns die Beschilderung zum **Alpkopf (5)** auf Pfadspuren, die über die Viehweide zu einem Almweg führen, auf dem wir in Kürze den Gipfel erreichen. Eine besondere Augenweide: Über der Talfurche des Inns stehen die zahlreichen Spitzen und Zinnen der Ötztaler Alpen Parade.
Nach dem Gipfelabstieg schlendern wir auf dem Natursträßchen am Seelein der Ladizalm vorbei und, ohne auf weitere Abzweiger achten zu müssen, durch den Wald hinunter zurück nach **Serfaus (1)**.

11 Planskopf, 2804 m

4.30 Std.

Fünf Seen und ein stiller Samnaungeselle

Der Planskopf steht zwar etwas im Schatten des stattlicheren Furglers, verdient allerdings besonders auf der eigenwilligen Seenroute durchaus einen Besuch. Der Steig zum Furglersee ist ein Teil des Zentralalpenwegs 02, der aus dem Paznaun über das Furglerjoch in die Ötztaler Alpen führt.

Ausgangspunkt: Serfaus, Talstation Komperdell, 1429 m.
Anforderungen: Meist gut bezeichnete, teils blockige Steige oder Steigspuren. Steile Aufschwünge. Nicht bei unsicherem Wetter oder Nebel!
Höhenunterschied: 820 m.
Einkehr: Serfaus, Kölner Haus.

Wir fahren von **Serfaus (1)** mit der Bahn zur **Mittelstation Komperdell (2)**, von der wir Richtung Rotpleiskopf über den zum Lausbach hin steil abfallenden Grasrücken bergan steigen. An der Verzweigung auf den Malfrischwiesen halten wir über das Blockfeld die Richtung und folgen an der nächsten Gabelung, über uns der Planskopf, die Grashänge querend dem zum Furglerjoch leitenden Steig. Über einen Blockhaldenaufschwung errreichen wir den **Furglersee (3)**, 2450 m.
Zurück an der Weggabelung kurz vor dem See weist uns die Bezeichnung »Obere Glockhäuser« über einen begrünten Rücken in eine wilde, felsübersäte Karstlandschaft mit den kleinen **Glockhäuser Seen (4)** unterm Blankakopf. Herrlich ist der Blick zu den Gipfelkronen der Kaunertaler Berge. Im Hintergrund Wildspitze und Weißkugel. An der Gabelung oberhalb des dritten Sees halten wir uns an die zur Glockscharte führende Route und an der folgenden Verzweigung am etwas größeren **Blankasee (5)**, 2610 m, an die gut markierten Steigspuren über die steinigen Böden Richtung Urgjoch. Unter einem Schrofenhang quert man auf wieder deutlichem Steig das ab-

Auf dem Planskopf im Schönjöchlkamm.

schüssige Gelände zu einer Grasflanke und erreicht in steilen Kehren das **Urgjoch (6)**, 2740 m, an der Abzweigung des Schönjöchlkamms vom Hauptkamm der Samnaungruppe. Über den kurzen, leichten Rücken gewinnt man den **Planskopf (7)** mit der Signalstange. In unmittelbarer Nähe der Furgler, am Horizont der Ortler! Der Abstieg auf weiter bestens markierten Steigspuren über den spärlich mit Gras bewachsenen Gipfelrücken erweist sich ebenfalls als problemlos. Weit unten grüßt Serfaus, im nordseitigen Kar blinken nochmals zwei Seelein. Ein Stück geht's nun über einen Blockgrat an Lawinensprenganlagen vorbei. Kurz vor dem Joch (2560 m) unter dem Brunnenkopf achte man auf die unbeschilderte Abzweigung des über die steilen Grashänge querenden Steiges. An der Verzweigung halten wir uns weiter talwärts. Nach der Kreuzung eines Pfades geht's an der Gabelung über Weideböden Richtung Kölner Haus und von der **Mittelstation Komperdell (2)** mit der Bahn zurück nach **Serfaus (1)**.

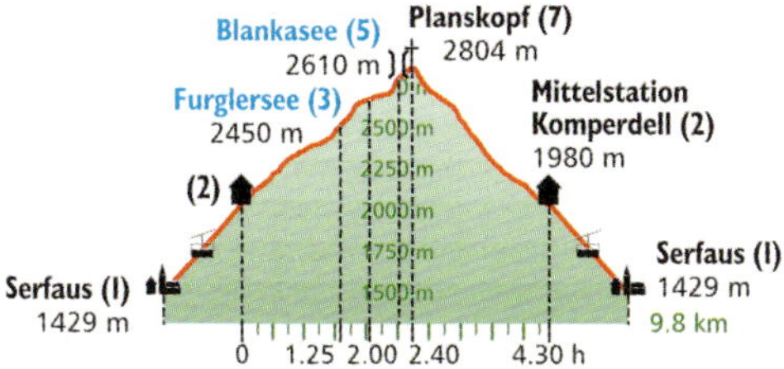

TOP

12 *Furgler, 3004 m*

5.30 Std.

Charakterberg zwischen Trisanna und Inn

Der Furgler ist ein echter Prachtkerl und ein Aussichtsgipfel allerersten Ranges. Eine Überschreitung des Samnaunriesen von Süd nach Nord begeistert erfahrene Bergwanderer mit den im Tourverlauf steigenden Anforderungen.

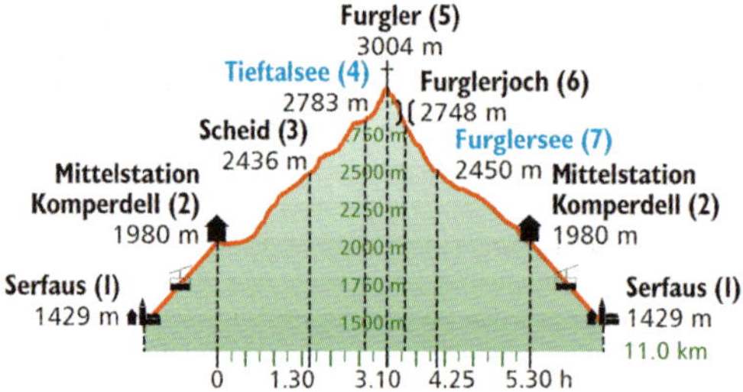

Ausgangspunkt: Serfaus, Talstation Komperdell, 1429 m.
Anforderungen: Gut bezeichnete Pfade; teils blockige Steige und Steigspuren, Trittsicherheit erforderlich; im Abstieg leichte Kletterei in gut gestuftem Fels (Schwierigkeitsgrad I); eventuell Schneefelder. Mehrere steile Aufschwünge. Nicht bei unsicherem Wetter, Vereisung oder Nebel!
Höhenunterschied: 1040 m.
Einkehr: Serfaus, Kölner Haus.

Am Tieftalsee unterm Furglergipfel.

Wir fahren von **Serfaus (1)** mit der Bahn zur **Mittelstation Komperdell (2)**, folgen dem kurzen Fahrweg Richtung Hexenkopf und nehmen den mit »Knappensteig zum Erzköpfl« bezeichneten Pfad rechts der Station der Gampenbahn. Am Wassergraben entlang über das Weidegebiet halten wir direkt auf den Furgler zu. Beim Zaundurchgang dirigiert uns das Schild »Scheid« über den Lausbach. Unterm Ladizkopf geht's nun über Grasböden und eine gemütliche Hangquerung, zuletzt auf einer Skiabfahrt, zur Bergschulter **Scheid (3)**, 2436 m. Faszinierend bietet sich das lange Zackenband der »Ötztaler« dar. Die nicht verheilenden Narben des – zugegeben traumhaft weiten – Skidorados sind nicht zu übersehen.
Wir folgen der Beschilderung »Furgler über Tieftalsee« und steigen an der Moosliftstation vorbei und über den begrünten Rücken spürbar bergan. Nach der weniger anstrengenden Querung etwas steinschlaggefährdeter Blockhalden kommen wir nach einem kräftigen Aufschwung zur Schneemulde unterm Gipfel. Über große Trümmer balancierend, stehen wir kurz darauf am Ufer des märchenhaften **Tieftalsees (4)**, 2783 m. Auf stets hervorragend markierten Steigspuren um den kräftig blaugrünen Seespiegel herum und über die blockige Bergflanke erreichen wir den ersehnten **Furgler (5)**, einen echten Samnaun-Dreitausender. Das fesselnde Panorama schenkt unter anderem prächtige Tiefblicke ins Paznaun. Besonders dominierend ragen der Hohe Riffler und natürlich König Ortler empor.
Nun erwartet uns über den nordseitigen Gratrücken ein mitunter anregend steiler und um einen Felszacken etwas abdrängender Abstieg mit leichten Kletterstellen. Die zuverlässig markierte Route ist gut gestuft. Der vom **Furglerjoch (6)**, 2748 m, Richtung Kölner Haus über teils blockige Schuttflanken führende Steig präsentiert eine geologische Vielfalt. Am **Furglersee (7)** vorbei und über die Malfrischwiesen wandernd, gelangen wir über die **Mittelstation Komperdell (2)** mit der Bahn wieder zurück nach **Serfaus (1)**.

13 Auf dem Wassertalweg nach Gfrans

3.20 Std.

Bequeme Waldrunde über dem Oberinntal

Ried, an der uralten Handelsroute von Landeck ins Unterengadin gelegen, war wohl schon während der Steinzeit besiedelt. Wahrzeichen des Dorfes ist Schloss Sigmundsried. Die einstige Dorfburg der Herren von Ried wurde öfters umgestaltet. Ihr Name geht auf Sigmund den Münzreichen zurück.

Ausgangspunkt: Ried, Bushaltestelle am Verkehrsamt, 880 m; Parkplatz.
Anforderungen: Nur teilweise bezeichnete Forst- und Waldwege. Keine steilen Anstiege. Ein bisschen Orientierungssinn vorteilhaft.
Höhenunterschied: 550 m.
Einkehr: Ried.

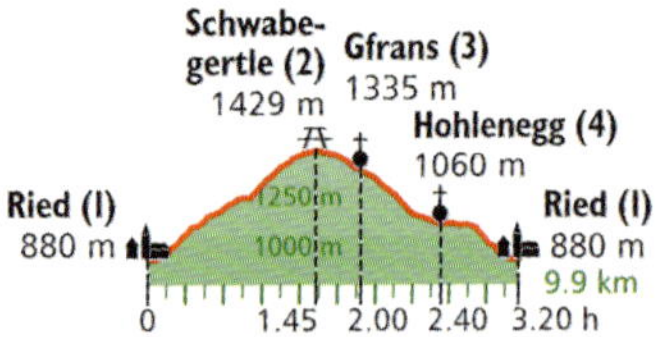

Durch **Ried (1)** inntaleinwärts spazierend, finden wir bei der Kapuzinerkirche den Wegweiser Richtung Gfrans. Mit zu der Kirche gehört die Kapelle des rege besuchten Gnadenortes Maria Loreto. Die Kapuzinerpatres sind heute auch für die Pfarrei zuständig. An der Gabelung wechselt die Route nach Gfrans in einen Waldweg, gleichzeitig Kreuzweg. Wir halten uns anschließend weiterhin an den Forst-Hauptweg bergan durch Nadelmischwald und achten an der Verzweigung auf die Beschilderung »Belvedere«.

An der folgenden Wegteilung weist uns das Wandertäfelchen »Wassertal« auf einen angenehm steigenden Forstweg. Dieser führt uns an einem Felssporn mit einer beachtenswerten Schichtung vorbei und gewährt zudem schöne Tiefblicke aufs Inntal. Bald biegen wir rechts in den Waldweg Richtung Gfrans ein. Dieser mündet auf dem Absatz **Schwabegertle (2)**, 1429 m, mit Rastplatz unter der Hochspannungsleitung in einen talwärts führenden Forstweg. In der folgenden Kehre zweigen wir links wieder auf einen Waldweg ab, der uns unmarkiert in

Am Wassertalweg sind auffallende Felsschichtungen zu bestaunen.

direkter Verbindung hinunter zum abgeschiedenen Bergbauernhof **Gfrans (3)**, 1335 m, mit Kapelle leitet.
Auf dem Fahrweg bergab bestimmen die Kiefern das Bild des Waldes. Überm Inntal ziehen die stolzen Felsgestalten Piz Mundin und Furgler den Blick auf sich. Auf dem alten Waldweg lassen sich ein paar Kehren abkürzen. Man hält sich an die Hauptroute mit der Bezeichnung »Hohlenegg nach Ried«. Am Hof **Hohlenegg (4)**, 1060 m, zeigt der Wegweiser »Belvedere-Herrensteig« auf einen Feldweg, der gemütlich die Wiesen quert. Von der Gabelung schlendern wir am oberen Waldrand entlang und stoßen bald danach auf die bekannte Route zurück nach **Ried (1)**.

14 Zirmesköpfle, 2092 m

4.30 Std.

Liebenswertes Bergziel ohne Rang und Namen

Die ehemalige rätoromanische Höhensiedlung Fendels, südöstlich von Prutz, wurde nach der vernichtenden Feuersbrunst im Jahre 1972 neu aufgebaut. Landschaftsprägend sind die durch Bäume und Strauchzonen aufgelockerten Hangterrassen.

Ausgangspunkt: Fendels, Kirche, 1352 m; Parkmöglichkeit am Straßenrand vor der Ortsmitte.
Anforderungen: Ausreichend bezeichnete Forstwege, Steige und teils verwachsene Pfade, anfangs Bergsträßchen. Ein steiler Aufschwung. Etwas Orientierungssinn erforderlich.
Höhenunterschied: 740 m.
Einkehr: Fendels, Fendler Alm.

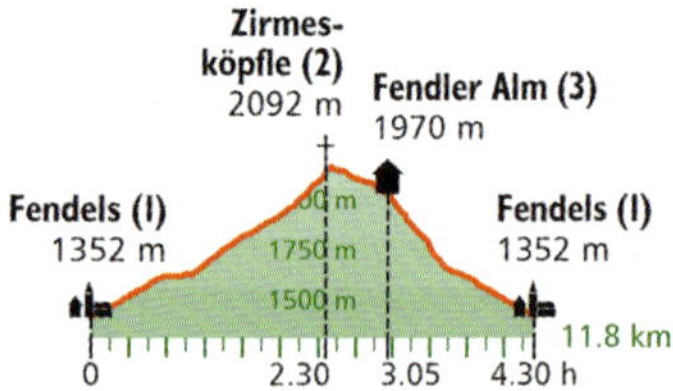

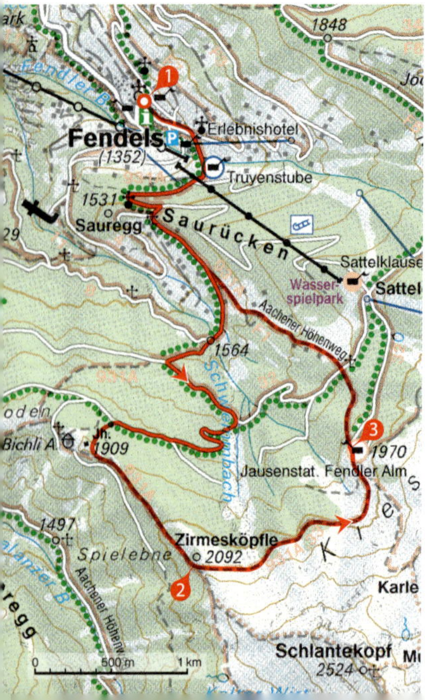

Los geht's in **Fendels (1)** auf dem vor der Kirche abzweigenden Bergsträßchen in Richtung Anton-Renk-Hütte. Das Sträßchen teilt sich vor dem Gotteshäuschen am Ortsrand. Wir halten uns rechts über die Jochbachbrücke und vorbei am Truyen-Stüberl. Die Route windet sich durch den Wald hinauf und gabelt sich am Teerende. Die Beschilderung »Bichlialpe« weist uns auf eine Forststraße, die den Gschwentbach quert.

An der folgenden Verzweigung zeigt uns der Wegweiser »Fendler-Alm« den Weiterweg. Wo unser Kurs abermals den Wildbach berührt, hat dieser eine gewaltige Kerbe in den Waldhang gerissen. In neuerer Zeit versucht man, mit soliden Verbauungsmaßnahmen dem wütenden Gesellen das Handwerk zu legen. Die Hanganrisse lassen sich jedoch nicht so leicht in den Griff bekom-

Gamsköpfe und Feichtener Karlspitze überm Tal des Gschwentbachs.

men. Wir bleiben Richtung »Bichli-Alm« auf der gewohnten Tobelseite und können in einer der folgenden Kehren drei Erdpyramiden bestaunen.
An der nächsten Weggabel halten wir uns geradeaus und achten auf die Abzweigung des dürftig markierten und teilweise etwas verwachsenen Pfades zur »Büchli-Alpe«. Wo die Route den Forstweg tangiert, wechselt sie in einen Steig. Die Bichlialm lassen wir rechts liegen. Auf dem reizvollen und einsamen Wanderkurs durch lichten Nadelwald mit einzelnen Zirben gelangen wir auf die topografisch unbedeutende und dennoch liebenswerte Bergkuppe namens **Zirmesköpfle (2)**. Am höchsten Punkt beim Niederschlagsmesser grüßen über der Innfurche die Samnaunberge und die Lechtaler Alpen.
Der Wegzeiger »Fendels über Fendler Alm« dirigiert uns auf den Aachener Höhenweg. Über einen prachtvollen Alpenrosenhang und durch ein Lärchenwäldchen bummeln wir bergab zum Jagdhüttchen mit einem alten Wasserrad. Kurz zuvor wird zu Füßen der Feichtener Karlspitze der Karlebach auf einem einfachen Holzbrett gequert, falls es mittlerweile nicht die Wildwasser weggespült haben. Nur wenige Schritte sind's noch bergauf zur Einkehr **Fendler Alm (3)**, 1970 m, auch Kieselalm genannt. Zurück am Jagdhüttchen nehmen wir den Alpsteig Richtung Fendels durch den Wald hinunter. Dieser kreuzt einen Forstweg und führt durch ein buckliges Weidegebiet. Nach dem Waldflecken geht's ein Stück auf einer Skiabfahrt weiter, die unterhalb in das bekannte Teersträßchen zurück nach **Fendels (1)** mündet.

15 Über die Sonnenterrasse von Serfaus

5.00 Std.

Auf den Spuren der Römer

Ein Abschnitt unserer Route benützt die Via Claudia Augusta. Der 2000 Jahre alte Weg der Römer verband das Mutterland über den Reschen mit den nördlichen Provinzen. Von Landeck zum Reschenpass wurde diese Strecke auf einer Länge von insgesamt 50 km für die Wanderer ausgebaut. Wer ein verlängertes Wochenende Zeit hat, kann hier auf einem der schönsten und leichtesten Tiroler Fernwanderwege Abstand vom Alltag gewinnen.

Ausgangspunkt: Tösens, Bushaltestelle in der Ortsmitte, 930 m; Parkplatz bei der Kirche.
Anforderungen: Gut bezeichnete Wander- und Wirtschaftswege, Pfade und Anliegersträßchen; kurze abschüssige, aber gesicherte Passagen. Mäßig steile Anstiege.
Höhenunterschied: 550 m.
Einkehr: Tösens, Serfaus, Feld.

Bei der Bushaltestelle in **Tösens (1)** zweigt ein Sträßchen ab, das Richtung Untertösens über die Innbrücke führt. Dahinter nehmen wir den Pfad bergan zur alten »Römerbrücke«. Die aus Feldsteinen gemauerte Bogenbrücke an einem lotrechten Felsabbruch zum Innufer, ein Nachfolgemodell der ursprünglichen Via-Claudia-Brücke, wurde erfreulicherweise als Teil der Wanderroute saniert. Um einen Felsenwulst mit sehenswerter Faltenbildung geht's weiter auf einem Fahrweg, der bald in die Straße nach **Tschupbach (2)** mündet. Vor dem Ortsschild verlassen wir vorläufig die Römerroute und nehmen das bequem in Kehren ansteigende Natursträßchen durch den reizvollen Kiefernmischwald hinauf nach **Stadelwies (3)**, 1212 m. Dort folgen wir links dem nur noch sanft steigenden verkehrsfreien Sträßchen nach **Serfaus (4)**, 1429 m, das wir zuletzt auf einem Flachstück und über die Argebachbrücke erreichen.

Man durchwandert die moderne Berggemeinde und folgt am Ortsende, wo die Straße von Fiss her ankommt, beim Sportplatz der Beschilderung »Frauns, Ried«. Das Anliegersträßchen schlängelt sich über die Bergwiesen talwärts zum abgeschiedenen Weiler **Feld (5)**, 1220 m. Am untersten Haus beginnt am Abbruch ins Inntal ein Wanderweg, der über Schleifen den Steilhang überlistet. Bei einem Gotteshäuschen öffnet sich

Das Oberinntal bei Frauns.

der wilde Fraunstobel. Der Beutelbach bahnt sich hier über einen Wasserfall seinen Weg zum Inn.

Wieder zurück auf der Via Claudia, geht's kurz bergab ans Flussufer. Im Auwald verschmälert sich die Route zum Pfad. Das Hinweisschild »Für geübte Wanderer« macht uns auf eine etwas ausgesetzte Passage aufmerksam. Der instand gehaltene Wanderpfad windet sich teils über Holzstufen mit Tiefblicken auf den grünen Inn anstrengend in Kehren über den steilen Waldhang empor. An ausgesetzten Stellen ist er mit Geländern gesichert. Wieder am Fluss führt uns ein Wirtschaftsweg über Wiesen nach **Untertösens (6)**, wo wir die vom Anstieg her bekannte Brücke zurück nach **Tösens (1)** nehmen.

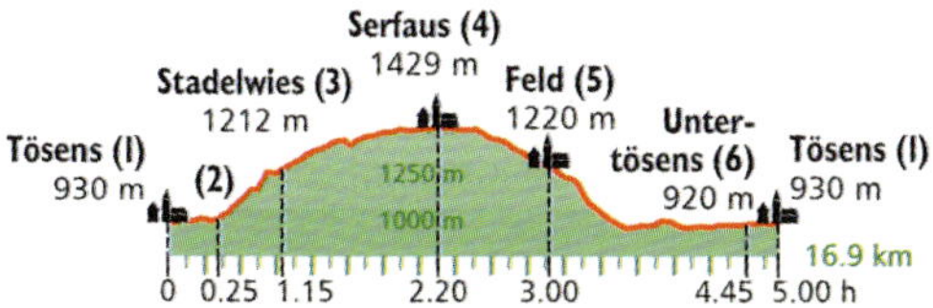

16 Inntiefblick, 1230 m

2.10 Std.

Kleine Tour mit großen Eindrücken

Angeblich soll die gesamte Talwanne des oberen Inns ab der Biegung unter der Pillerhöhe einst von einem fjordartigen See bedeckt gewesen sein. Die Felsenge bei der heutigen Pontlatzerbrücke muss wohl diesen Schmelzwassersee des Eiszeitgletschers aufgestaut haben. Früher erzählte man sich sogar, dass nahe dem hochthronenden Kirchlein St. Georgen die Schiffe angelegt hätten. Demnach wäre das Gewässer zu dieser Zeit rund 200 m tief gewesen.

Ausgangspunkt: Tösens, Bushaltestelle in der Ortsmitte, 930 m; Parkplatz.
Anforderungen: Gut bezeichnete Forstwege, anfangs Anliegersträßchen. Leichter Aufstieg.
Höhenunterschied: 300 m.
Einkehr: Tösens.

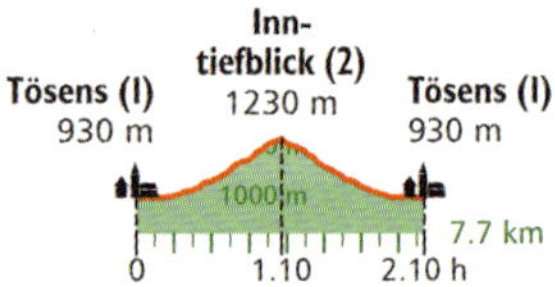

Wir nehmen in **Tösens (1)** Richtung Obertösens die Brücke über die Bundesstraße und folgen dem Sträßchen an der B 315 entlang Richtung Platzalm. Das auch nach Tschey führende Bergsträßchen leitet am Tösner Bach aufwärts und über die obere Brücke zum Ortsteil Ganden. An der Gabelung beachten wir den Wegweiser »Eggele – Pfunds« und spazieren bei den letzten Häusern auf dem Forstweg Richtung Eggele ohne jegliche Eile anfangs an Bergwiesen vorbei, später durch Mischwald bergan.

Wir bleiben im weiteren Verlauf der Route nach Eggele treu und erfreuen uns der stets am Berghang entlangführenden, erholsamen Bummelei durch den nun netten Nadelwald mit Kiefern, Lärchen und Fichten. Die durchwegs angenehme Steigung ermöglicht ein gleichmäßiges Gehtempo. Bald ist in einer

In Tösens bietet sich die Besichtigung der Römerbrücke am Inn an.

Linkskurve das einsam gelegene Ruhebänkchen mit dem sagenhaften **Inntiefblick (2)** erreicht. Wer's noch ein bisschen kitzliger mag, steigt mit behutsamem Schritt die wenigen Meter hinunter bis zur Abbruchkante.
Ohne auf einen Zeitplan achten zu müssen, kann man auf diesem herrlichen Flecken Bergnatur so richtig ausgiebig die Stille genießen. Über den Auwaldstreifen schweift der Blick auch zurück nach Tösens sowie hinüber nach Serfaus und zum Dreigestirn Piz Alpetta – Piz Mundin – Piz Mezdi. Wie Spielzeugsiedlungen ducken sich die Weiler zwischen Tösens und Pfunds an die aufsteilenden Berghänge.
Der Rückweg nach **Tösens (1)** folgt dem Anmarschweg.

17 Platzalm, 2181 m

7.00 Std.

Einsame Hochtalwanderung

Früher wurde im Platztal Blei- und Silbererz abgebaut und nahe der Platzalm verhüttet. Heute zählt das zum Glockturmkamm hinaufziehende Hochtal zu den stillen Ausflugszielen des Oberinntals.

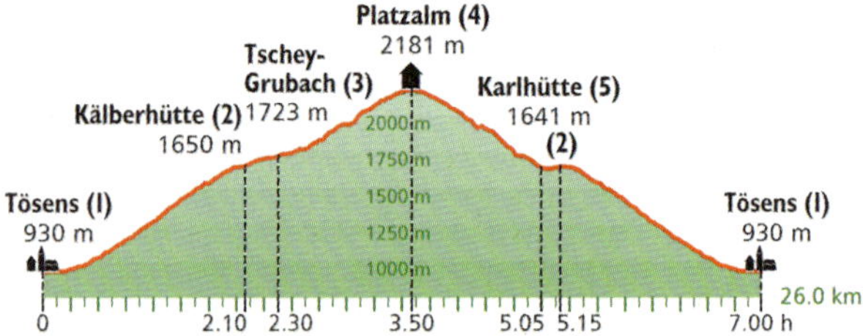

Ausgangsort: Tösens, Bushaltestelle in der Ortsmitte, 930 m; Parkplatz.
Anforderungen: Gut bezeichnete Forst- und Almwege, anfangs Anliegersträßchen. Wenig steiler Aufstieg.
Höhenunterschied: 1250 m.
Einkehr: Tösens, Platzalm (einfache Brotzeit).

Im wilden Platztal.

Wir nehmen in **Tösens (1)** Richtung Obertösens die Brücke über die Bundesstraße und folgen dem Sträßchen an der B 315 entlang Richtung Platzalm. Das auch nach Tschey führende Bergsträßchen leitet am Tösner Bach aufwärts und über die obere Brücke zum Ortsteil Ganden. An der Gabelung beachten wir den Wegweiser »Eggele – Pfunds« und spazieren bei den letzten Häusern auf dem Forstweg Richtung Eggele, anfangs an Bergwiesen vorbei, später durch Mischwald, bergan.
An der folgenden Verzweigung bleiben wir noch dem Kurs »Eggele« treu und halten uns im weiteren Verlauf stets an die mit »Tschey« bezeichnete Hauptroute. Diese steigt in bequemen, weiten

Wegschleifen durch Nadelwald hinauf ins Platztal. Bei der Hochspannungsleitung an der **Kälberhütte (2)**, 1650 m, queren wir ein Weidegebiet und nehmen an der nächsten Abzweigung den Weg Richtung Platzalm. Nach einem kurzen Anstieg über Bergwiesen orientieren wir uns an der Abzweigung im Hüttendörfchen **Tschey-Grubach (3)**, 1723 m, am Wegweiser »Platzer Alm« und wandern auf schmalem Almweg ins enge, einsame Hochtal. Ganz unvermittelt wechselt die Szene.

Nach der Holzbrücke über den Platzbach schwingt sich der Weg in einer Schleife wieder stärker bergan. Bald nach der zweiten Brücke über den tosenden Katarakten ist die Waldgrenze erreicht. Jenseits des Wildbachs öffnet sich ein altes Stollenloch. An den aufgelassenen Gebäuden der einstigen Erzaufbereitung vorbei, noch zweimal den Bach querend, trifft man bei der **Platzalm (4)** ein. Im Talschluss ragen die Dreitausender des Glockturmkamms empor. Am Rückweg achten wir vor der (im Abstieg) letzten Bachbrücke auf den Wegweiser »Tösens« und nehmen die Alternativroute rechts des Platzbachs zur **Karlhütte (5)**, 1641 m. Dort weist uns die Bezeichnung »Tschey« über den Bach. Nach einem kaum nennenswerten Gegenanstieg kommen wir zur bekannten Kälberhütte, wo wir in den Abstieg nach **Tösens (1)** einschwenken.

TOP **18**

Pfundser Ochsenbergalm, 2021 m

6.15 Std.

Über die Bergmähder des Stubentals – wie vor Jahrhunderten

Der Inn teilt das Doppeldorf Pfunds in die beiden Ortsteile Pfunds-Stuben und Pfunds-Dorf. Hoch über dem Dächermeer wird auf den Bergmähdern von Prais das Heu wie seit Jahrhunderten von den Hütten mit Schlitten und dem Materialaufzug zum Fahrweg transportiert.

Ausgangspunkt: Pfunds, Bushaltestelle bei der Kirche im Ortsteil Pfunds-Stuben, 970 m; Parkplatz.
Anforderungen: Meist gut bezeichnete Alm- und Forstwege, Steige und teils verwachsene Pfade. Kurze steile Aufschwünge. Ein bisschen Orientierungssinn vorteilhaft.
Höhenunterschied: 1120 m.
Einkehr: Pfunds.

An der Bachbrücke nach dem Post-Hotel leitet im Ortsteil **Stuben (1)** eine Gasse durch die Bundesstraßen-Unterführung. Vor dem Haus Sonnblick lenkt uns die Beschilderung »Zu den Wanderwegen« auf einen Fußweg, der kurz darauf in ein verkehrsfreies Sträßchen mündet. Dieses führt in Schleifen mit schönen Tiefblicken auf Pfunds empor über die Nadelwaldflanke zum Weiler **Wand (2)**, 1366 m. Hierher gelangt man auch auf dem alten Weg, einem anstrengenden Steig. Die Häuser und die Kapelle kleben wie Schwalbennester an den überaus steilen Wiesenhängen. Hier öffnet sich der Blick ins obere Inntal und zum Piz Mundin mit seinen Trabanten.
Nun spazieren wir, erst noch auf einem Teersträßchen und später auf einem abzweigenden Forstweg, Richtung Prais-Ochsenberg. Unter uns rauscht der Stubenbach. Bald verzweigt sich das Tal. Wir halten uns an einer Gabelung an den gewohnten Wegweiser, folgen dem Pfad mit geringem Höhenverlust und überschreiten auf einem Holzsteg den **Masnerbach (3)**. Anschließend steigen wir aus dem einsamen Gebirgswinkel auf einem Steig, an einer Stelle durch ein Drahtseil gesichert, hinauf zu den Bergmähdern bei den einstmals ganzjährig bewohnten Häuschen von **Prais (4)**, 1582 m. Die Bezeichnung »Ochsenberg« weist uns auf einen am

Über die weltabgeschiedenen Bergmähder von Prais führt die Tour ins Stubental.

Hang entlangleitenden Pfad. Kein Fahrweg führt hierher. Im weiteren Verlauf verlangt uns der über dem tief eingeschnittenen Tobel die steile Bergflanke querende, kaum markierte und verwachsene Schleichkurs durch den lichten Wald etwas Zuversicht ab. Nach dem Zaunüberstieg dirigieren uns die Markierungspfeile an einer Gabelung bergab zum Holzsteg über den **Stubenbach (5)**. Ein reizvoller Sturzbach hat kurz vor der Talkerbe eine Felsrinne ausgewaschen, durch die er nun wie ein Springbrunnen hüpft. Nach kurzem Aufstieg zum Almweg geht's auf diesem über die Waldgrenze taleinwärts zur **Pfundser Ochsenbergalm (6)**, ringsum von begrünten Schrofenflanken umgeben. Auf dem Abstieg bleiben wir dem Almweg treu, der uns durch einen Tunnel zur Straße Pfunds–Kobl leitet. Nach deren Querung folgen wir dem Wanderweg und spazieren dann von der Kreuzung kurz vor Erreichen der Talsohle auf der flachen Via Claudia zurück nach **Pfunds (1)**.

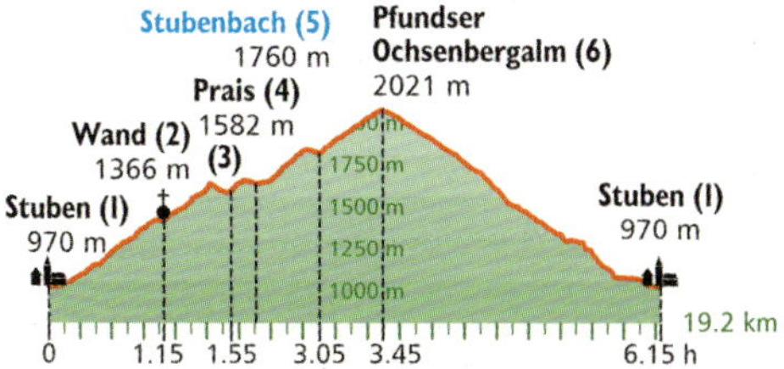

19 Beschauliche Schlenderei zur Kajetansbrücke

2.45 Std.

Ein »Pfunds-Spaziergang« am jungen Inn

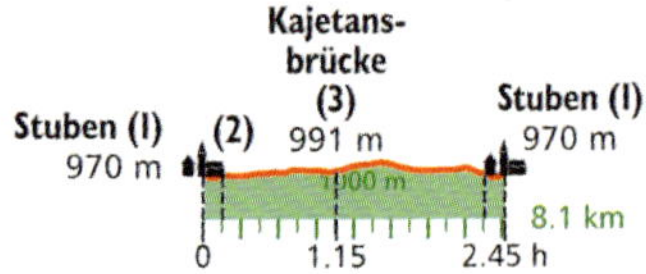

Pfunds, das größte Dorf im Oberinntal, konnte sich vor dem Bau der neuen Straße durch die Finstermünz im Jahre 1854 dank des Verkehrs über den Reschen eines bescheidenen Wohlstandes erfreuen. Mit der Fertigstellung der Brennerbahn verschlechterten sich die wirtschaftlichen Verhältnisse im Dorf endgültig. Erst durch den zunehmenden Fremdenverkehr gelang der Gemeinde in den letzten Jahrzehnten ein neuer Aufschwung. »Fundus«, der ursprüngliche Name des Dorfes, bedeutet übersetzt soviel wie »fruchtbarer Boden«.

Ausgangspunkt: Pfunds, Bushaltestelle bei der Kirche im Ortsteil Pfunds-Stuben, 970 m; Parkplatz.
Anforderungen: Gut bezeichnete Wirtschaftssträßchen sowie Forstwege, Pfade und Wanderwege. Keine nennenswerten Steigungen.
Höhenunterschied: 50 m.
Einkehr: Pfunds, Fischeralm (kleiner Abstecher vom Umkehrpunkt).

Im Pfundser Ortsteil **Stuben (1)** spazieren wir zunächst von der Kirche am Hotel Tyrol vorbei zum Gemeindeamt. Dort lenkt uns der Wegweiser »Freibad« über die Innbrücke und durch einen Torbogen zur schmucken Zwiebelturm-Kirche von **Pfunds-Dorf (2)**. Gegenüber befindet sich in einem um das Jahr 1400 erbauten Haus das Heimatmuseum. Oberhalb zweigt ein Wirtschaftssträßchen in Richtung Inntalweg ab. Wir halten uns stets an die im weiteren Verlauf zur Kajetansbrücke beschilderte, flache Hauptroute, den sogenannten »Wiesenweg«. Das Rauschen des Inns begleitet später den beschaulichen Kurs. Der mittlere der drei Felsgipfel vor uns ist der Piz Mundin. Nach der Arpatscheybachbrücke geht es bereits

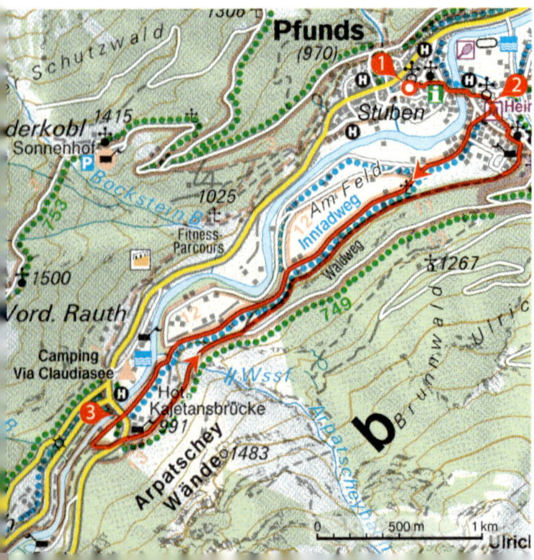

Am Innufer bei der Kajetansbrücke.

unter der **Kajetansbrücke (3)**, 991 m, hindurch, die 1956 zur Steinbogenbrücke umgestaltet wurde. Diese einst größte freitragende Holzbrücke des Bundeslandes ist nach dem ehemaligen Stadthalter von Tirol, Kajetan von Bissingen, benannt. Wenig später leitet uns ein kurzer Waldweg bergab zum versteckten Sandufer. Ein herrliches Plätzchen für Genießer und vor allem für Kinder!

Zurück ins Dorf folgen wir noch ein kleines Stück dem ansteigenden Sträßchen. Nach der Querung der Bundesstraße dirigiert uns die Beschilderung »Waldweg Pfunds« auf einen Forstweg. Nach dem ersten Aufschwung geht's nur noch ein Stück sanft bergan und, die Abzweigung Richtung Pfunds beachtend, von einer Wegkuppe (1020 m) auf einem schmäleren Weg am Bergfuß entlang. Kurz darauf biegt ein wieder mit »Waldweg Pfunds« bezeichneter Pfad ab. Dieser und zuletzt ein Wanderweg führen als vergnüglicher Schlenderkurs in leichtem Auf und Ab durch den Fichtenwald nach **Pfunds-Dorf (2)**. Eine überaus reizvolle Spaziermöglichkeit, wie sie nicht jede Gemeinde präsentieren kann. Beim Marienhäuschen bummeln wir hinunter zur Kirche von **Stuben (1)**.

TOP

20 Gasthof Berghof, 1400 m

2.50 Std.

Erlebnis Radurschlschlucht

In der tosenden Unterwelt der Radurschlschlucht kommt man sich ganz und gar nicht vor wie in der niederschlagsärmsten Region Österreichs. Die Firnfelder und Quellen des Glockturmkamms speisen diesen übermütigen Bergbach.

Ausgangspunkt: Pfunds, Bushaltestelle bei der Kirche im Ortsteil Pfunds-Stuben, 970 m; Parkplatz.
Anforderungen: Gut bezeichneter und teils gesicherter Steig, Ziehwege und ein ruhiges Sträßchen. Leichte Anstiege.
Höhenunterschied: 430 m.
Einkehr: Pfunds, Gasthof Berghof.

Im Ortsteil **Stuben (1)** spazieren wir von der Kirche am Hotel Tyrol vorbei zum Gemeindeamt. Dort lenkt uns der Wegweiser »Radurscheltal« über die Innbrücke nach **Pfunds-Dorf (2)**. Enge Straßen zwängen sich hinauf zum Ortsteil Stampfau. Beim Marienhäuschen achten wir auf die Beschilderung »Greit-Tschey« und folgen dem Forstweg durch das Waldtal am Radurschlbach bergan. Nach der oberen Brücke beginnt der Klammsteig. Hier verengt sich das **Radurschltal (3)**, auch Pfundser Tal genannt, klammartig. Im Großen und Ganzen trifft jedoch die Bezeichnung Schlucht eher für das untere Tal zu. Ein Holzsteg führt gleich wieder ans Ufer zurück. Die Felsenge verstärkt das wohlklingende Bachrauschen in wildromantischer Atmosphäre. Meistens steigt die Route nur sanft an. Drei weitere Male queren Stege und schließlich auch noch eine Hängebrücke die ungestümen Bergwasser mit

Die Radurschlschlucht bei Pfunds.

ihren Kaskaden. Ausgesetzte Passagen der stets hervorragenden Weganlage sind drahtseilgesichert. Überall lassen sich freigelegte Felsschichtungen studieren. Nach der Querung des Abflusses aus dem Pfundser Tscheytal weist uns das Täfelchen »Greit–Pfunds« an der großen Brücke auf einen Wanderweg, der bald zum Ziehweg wird. Im Weiler Greit führt uns das Bergsträßchen in Kürze empor zum einladenden **Gasthof Berghof (4)**, 1400 m.
Auf dem Rückweg mit Ausblicken zur Samnaungruppe halten wir uns talwärts an das kaum befahrene Sträßchen durch den lang gezogenen Ort, bis der alte Ziehweg nach Pfunds abbiegt. Dieser wird im unteren Waldbereich von einem Pfad abgelöst, der uns zurück nach **Stuben (1)** bringt.

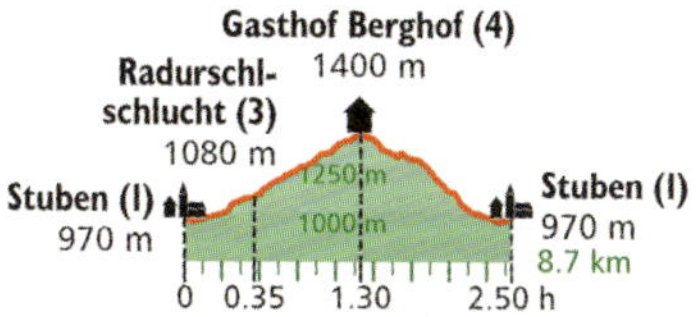

21 Hohenzollernhaus, 2123 m

7.30 Std.

Der weite Weg zum Glockturmkamm

Wer die Bergeinsamkeit schätzt, der sollte es mal mit dem verschwiegenen Radurschltal versuchen. Es führt den ausdauernden Wanderer ein gutes Stück hinein in die Ötztaler Alpen. Das Hohenzollernhaus der DAV-Sektion Starnberg war einst ein Jagdhaus und nannte sich anfangs als einfacher Touristenstützpunkt Hinter-Radurschl-Unterkunftshaus.

Ausgangspunkt: Pfunds, Bushaltestelle bei der Kirche im Ortsteil Pfunds-Stuben, 970 m; Parkplatz.
Anforderungen: Gut bezeichnete Alm- und Waldwege sowie einige Steige. Zwei steile Aufschwünge. Etwas Kondition nötig.
Höhenunterschied: 1150 m.
Einkehr: Pfunds, Radurschlalm, Hohenzollernhaus.

Im Ortsteil **Stuben (1)** spazieren wir von der Kirche am Hotel Tyrol vorbei zum Gemeindeamt. Dort lenkt uns der Wegweiser »Freibad« über die Innbrücke nach **Pfunds-Dorf (2)**. Enge Straßen zwängen sich hinauf zum Ortsteil Stampfau. Beim Marienhäuschen achten wir auf die Beschilderung »Hohenzollernh.« und wandern auf dem Almsträßchen am Haus Piz Mondin bergauf. Am Wasserhäuschen zweigen wir auf einen abkürzenden und wie gewohnt bezeichneten Waldweg ab, der gleichzeitig ein Kreuzweg ist. Er führt über den steilen Lärchenhang und an einem Aussichtspunkt mit Dorftiefblick vorbei. Auch vom bereits 1675 erbauten Kirchlein **St. Ulrich (3)** zeigt sich Pfunds nochmals.
Unser Weg mündet bei einer Kreuzigungsgruppe wieder in das Almsträßchen. Danach kürzt ein Ziehweg über den Ulrichsbach abermals eine Wegschleife ab. Überm Radurschltal streuen sich die Höfe von Greit in die steilen Berglehnen. Nun gewährt die sanft steigende Hauptroute Einblicke in die faszinierende Felsenschlucht.

Erst mal geht es über die Innbrücke nach Pfunds-Dorf.

Beim Punkt Kaltenwirt queren wir den Saderer Bach. Unser Kurs zieht deutlich an und kreuzt zweimal den Radurschlbach. Das waldreiche Tal weitet sich. Nach der Kreuzung des Rauchtalbachs geht's gemütlich durch ein Waldweidegebiet und ab den Hütten von **Wildmoos (4)**, 1614 m, wo das Nauderer Tscheytal abzweigt, auf schmalerem Almweg weiter. Über bescheidene Weideböden kommen wir zu den Häuschen und Heuhütten der **Radurschlalm (5),** 1815 m, mit den kleinen Wiesenflecken. Überm Talschluss ragt der mehrgipflige Wildnörderer auf.

Der Talschluss beim Hohenzollernhaus.

Der Richtung Hohenzollernhaus bezeichnete Waldsteig leitet uns ohne große Anstrengung auf Holzstegen über zwei Wildbäche. Unter der Schrofenflanke des Bruchkopfs mühen wir uns zuletzt kräftig bergauf zur Karschwelle, über die der Radurschlbach in Kaskaden herunterstürzt. Das **Hohenzollernhaus (6)**, von letzten Zirben und Alpenrosen umgeben, steht auf der Stirnmoräne des einst bis hierher reichenden Gletscherstroms. Rassig präsentieren sich die Gipfel und Grate im Glockturmkamm.
Der Rückweg folgt dem Anstiegsweg.

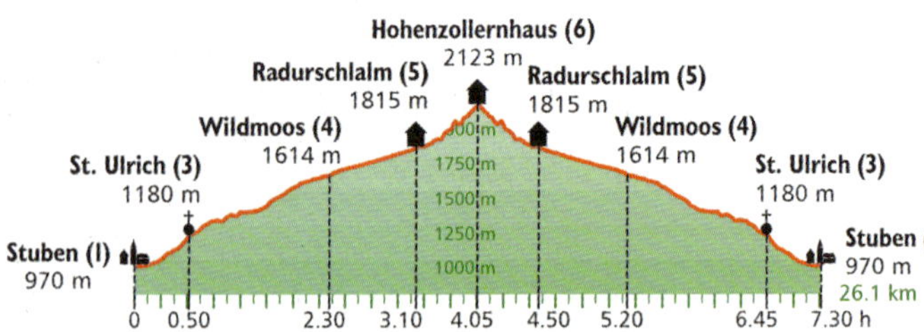

7.45 Std.

Frudiger, 2153 m

22

Aussichtsthron über dem Pfundser Tscheytal

Zwischen dem Oberen Inn und dem Pfundser Tscheytal lockt der einsame und aussichtsreiche Frudiger die Freunde stiller Höhenwege.

Ausgangspunkt: Pfunds, Bushaltestelle bei der Kirche im Ortsteil Pfunds-Stuben, 970 m; Parkplatz.
Anforderungen: Überwiegend bezeichnete Forst- und Almwege, Steige und Steigspuren. Lediglich kurze Steilstücke. Orientierungssinn und Kondition erforderlich.
Höhenunterschied: 1300 m.
Einkehr: Pfunds.

Im Ortsteil **Stuben (1)** spazieren wir von der Kirche am Hotel Tyrol vorbei zum Gemeindeamt. Dort lenkt uns der Wegweiser »Freibad« über die Innbrücke nach **Pfunds-Dorf (2)**. Enge Straßen zwängen sich hinauf zum Ortsteil Stampfau. Beim Marienhäuschen achten wir auf die Beschilderung »Greit«. Gleich darauf geht es über die Radurschlbachbrücke. Wir folgen beim obersten Haus am Straßenende im Ortsteil Pfunds-Hochwiese dem Pfad Richtung Greit.
Unsere Route mündet in einen alten Ziehweg, der in Kehren empor zur Straße und auf dieser kurz zu den unteren Häusern von **Greit (3)**, 1280 m, führt.

Über die hoch gelegenen Pfundser Tscheywiesen.

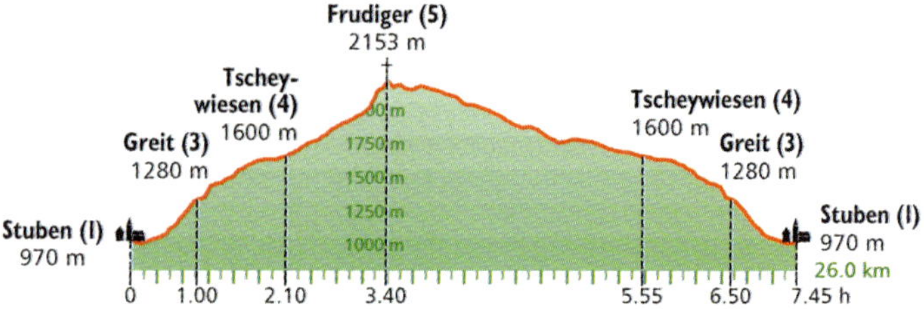

Beim Trafomast Niedergreit nehmen wir links den unmarkierten Pfad und gehen durch eine Zaunlücke. An einem Brunnen mündet unser Schleichweg bergwärts in einen Ziehweg. Im lichten Nadelwald wählen wir an der Kreuzung den Forstweg Richtung »Tschey–Frudiger«. Am Wegkreuz auf den **Tscheywiesen (4)** schwingt sich der mit »Frudiger« bezeichnete Kurs über

eine weite Kehre bergan und endet auf 1900 m Höhe. Dort steigen wir über einen Zaundurchgang und kommen an einem Brünnlein mit Holzwasserleitung vorbei. Der Steig über die Weiden zum kreuzgeschmückten und von Zirben umgebenen **Frudiger (5)** verlangt noch einige weitere Überstiege.
Auf dem Abstieg folgen wir in der Mulde dem in nordöstlicher Richtung am Höhenrücken entlangleitenden Steig über trockene Weiden. Am Frudigerkopf vorbeiwandernd gelangt man in einen Sattel (2070 m) und ge-

Die liebenswerte Inntalgemeinde Pfunds, Startpunkt für die Tour auf den Frudiger.

nießt den stillen Gang westlich einer Zwischenerhebung (2137 m) zu einer Jagdhütte. Dort halten wir uns links bergab über den Weidehang und finden so den nach Tschey führenden Forstweg. Nach dem Gatter geht's in ein paar Kehren durch Nadelwald talwärts. An einer Wegteilung links haltend schlagen wir an der Verzweigung im Bachtal den Weg Richtung Platzalm ein und bummeln nach einem kleinen Gegenanstieg gemütlich auf dem Almweg Richtung Pfunds durchs Tscheytal. Beim Wegkreuz auf den **Tscheywiesen (4)** schwenken wir in den bekannten Forstweg zurück nach **Pfunds (1)** ein.

23 Ins stille Zanderstal

2.30 Std.

Grenzausflug von der Schweizer Zollexklave Samnaun aus

Das auf einer Hangterrasse anheimelnd zusammengedrängte Compatsch, einst nur einfache Maiensäß und später Fraktion der Unterengadiner Gemeinde Ramosch, ist der eigentliche Hauptort des Samnauntals. Im Gegensatz zum mondänen Samnaun hat man hier nicht das kulturelle, rätoromanische Erbe aus dem Dorfbild verbannt. Die altehrwürdigen Blockstädel sind auch heute noch ein liebenswerter Blickfang im Ortskern.

Talort: Samnaun, 1835 m.
Ausgangspunkt: Compatsch, zwischen Spiss und Samnaun, Bushaltestelle am Hotel Piz Urezza, 1715 m; Parkmöglichkeit nebenan auf dem Wertstoffplatz.
Anforderungen: Nur teilweise bezeichnete Forstwege sowie kurze und teils verwachsene Pfadabschnitte, kleines Straßenstück. Ein steiler Aufschwung. Wegen des ersten Routenabschnitts etwas Orientierungssinn vorteilhaft.
Höhenunterschied: 300 m.
Einkehr: Compatsch, Oberspiss.
Hinweis: Ausweis mitnehmen!

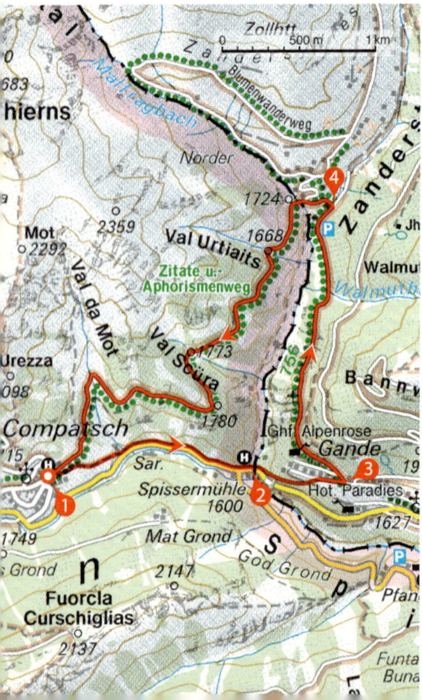

Wir nehmen beim Hotel Piz Urezza in **Compatsch (1)** die Untere Gasse und folgen dem talwärts führenden Feldweg. Noch vor der Kurve zweigt ein unmarkierter und verwachsener, alter Viehtrieb ab, der am Steinmäuerchen entlang über den Wiesenhang zur Straße nach **Spissermühle (2)** leitet. Am Schergenbach hinunter nehmen wir kurz mit diesem Asphaltband vorlieb und wenden uns beim alten Mühlrad über die Zandersbachbrücke (1516 m). Nach der Grenzstation nach Tirol beachten wir den Wegweiser »W.W. Spissegg« und steigen auf dem Waldpfad, die Abkürzung »Spiss« wählend, hinauf nach **Oberspiss (3)**, 1680 m. Beim Andachtshäuschen an der Straßenverzweigung schwenken wir links ab und wandern in das verschwiegene Zanderstal hinein.
Nun geht es nur noch kurz bergan zu einer Wegkuppe beim Teerende mit schönen Ausblicken auf Com-

Compatsch im Samnauntal gehört zum Schweizer Kanton Graubünden.

patsch, dann bummeln wir sanft bergab zu einer Gabelung. Der Beschilderung »Ochsenhütte« über den **Zandersbach (4)** folgend, gehen wir an der nächsten Verzweigung links und überschreiten beim kleinen Wasserfall die Landesgrenze zurück in die Schweiz.

An der folgenden Weggabel halten wir uns an den Zitatenweg und schlendern auf dem Fahrweg durch einen reizvollen Nadelmischwald mit schönen Lärchenbeständen talauswärts. Die Route steigt leicht an, vor uns erhebt sich der Zackengrat des Piz Mundin. Nach einer Kuppe (1781 m), dem höchsten Punkt der Runde, beginnt der Weg zu fallen. Wir queren das Val da Mot und treffen bald darauf wieder in **Compatsch (1)** ein.

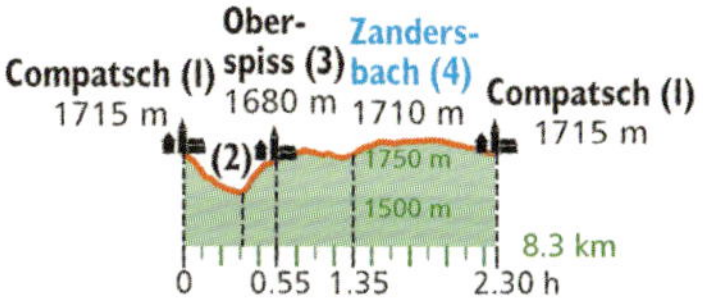

24 Heusattel, 1870 m

2.00 Std.

Durch den Gstaldner Tobel

Das kleine Bergdorf Spiss mit seinem netten Barockkirchlein liegt westlich von Pfunds an der Grenze zur Schweiz und ist die höchstgelegene Gemeinde des Oberen Gerichts und ganz Tirols. Im Vergleich zu Samnaun und Compatsch wurde der Ort, ursprünglich ein Maiensäß der Fließer Bauern, vom Inntal her besiedelt.

Ausgangspunkt: Spiss, Bushaltestelle am Ortsanfang, 1627 m; beschränkte Parkmöglichkeit.
Anforderungen: Vorbildlich bezeichnete, zum Teil ausgesetzte Pfade und Forstwege. Aufstieg zum Heusattel steil. Trittsicherheit erforderlich, bei Nässe nicht empfehlenswert.
Höhenunterschied: 280 m.
Einkehr: Spiss.

Beim Flurkreuz nach der Kirche von **Spiss (1)** zweigt der flache Waldweg Richtung Kirchsattel ab. Ein Schildchen weist uns unter einem Häuschen vorbei. Die Route wird gleich darauf zum Pfad. Über einer Straßengalerie wird der Valvatscherabach gequert, ein vom Muttakopf kommender kleiner Sturzbach. Nun geht's kurz bergauf zum **Kirchsattel (2)**, 1700 m, und auf einem reizvollen Abschnitt an einem teils abschüssigen Waldhang talwärts in den **Gstaldner Tobel (3)**, 1660 m. Nach einem kleinen Anstieg biegen wir rechts in den Waldweg ein – dieser führt hinüber nach Gstalden – und mühen uns auf dem etwas anstrengenden Pfad empor zum **Heusattel (4)** an der Waldgrenze (1870 m). An einer steilen Bergflanke entlang wandern wir nun leicht bergab und schauen bei der abermaligen Querung der Rinne des Valvatscherabachs hinüber zum Piz Mezdi. Über ihm spitzelt der Piz Alpetta hervor. Gleich darauf entdeckt man ein einladendes Brotzeitplätzchen. Unterhalb die wilde Schlucht des Schergenbachs. Anschließend schlendern wir gemütlich auf einem Forstweg mit schönen Einblicken in die Samnaunberge hinunter zu den Häusern von **Oberspiss (5)**. Dort leitet uns das Sträßchen zurück nach **Spiss (1)**.

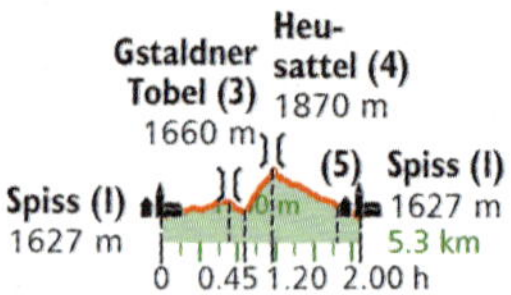

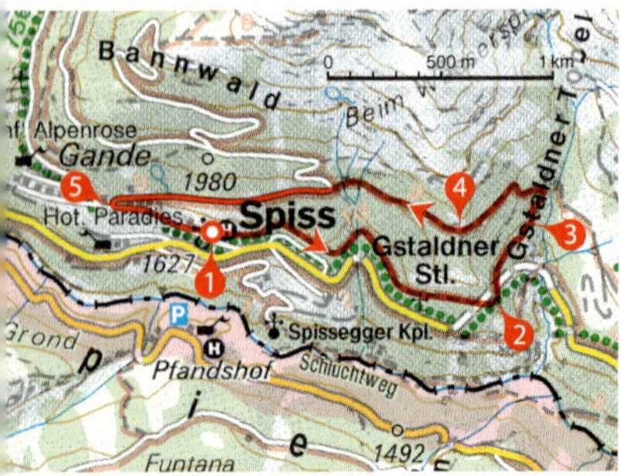

Von Anfang an bestimmt das Gipfelpaar Piz Alpetta und Piz Mezdi die hochalpine Szene.

25 Kreuzjoch, 2698 m

6.15 Std.

Graspyramide über dem Spisser Tal

Der unschwierige Aufstieg auf diesen großen Samnaun-Grasberg belohnt mit eindrucksvollem Panorama. In unmittelbarer Nähe bannen die Beherrscher des Samnaungebirges den Blick: Piz Mundin, Muttler, Stammerspitz, Vesulspitz, Hexenkopf und Furgler. Auf der anderen Seite des 1700 m unter uns leuchtenden, jugendlichen Inns reiht sich das Gezacke der Ötztaler Alpen mit den gleißenden Firndomen Weißseespitze und Weißkugel aneinander. Der unverkennbare Ortler und die Engadiner Berge runden das Panoramabild ab.

Talort: Spiss, 1627 m.
Ausgangspunkt: Bushaltestelle Spiss-Gstalda an der Straße von Spiss nach Pfunds, 1500 m; Parkplatz kurz zuvor.
Anforderungen: Gut bezeichnete Ziehwege und ausreichend markierter Steig, anfangs Bergsträßchen. Anhaltend steiler Gipfelaufstieg, etwas Kondition erforderlich. Nicht bei zweifelhaftem Wetter, Nässe oder Schneeauflage!
Höhenunterschied: 1200 m.
Einkehr: Kobler Alm.

Von der Bushaltestelle **Spiss-Gstalda (1)** beginnt die Tour zunächst mit einem bequemen Spaziergang auf dem schmalen Bergsträßchen durch den Nadelwald hinauf nach **Gstalden (2)**, 1715 m. Unterwegs begeistern die Ausblicke zu den jenseits

Blick übers Spisser Tal auf Piz Alpetta und Piz Mundin.

Die anmutige Wiesenmulde unterhalb des Kreuzjochs.

des tief eingekerbten Spisser Tals stolz aufragenden Gipfeln Piz Alpetta und Piz Mezdi. Lediglich drei Häuser und ein Kirchlein mit nettem Holztürmchen bilden den Weiler mit seinen unglaublich steilen Wiesenhängen.
Der Wegweiser »Kobler-Alm« zeigt auf einen Forstweg. Kurz darauf weist uns das Schild »Abkürzung K. Alm–Kreuzjoch« auf einen gemütlichen Ziehweg durch einen Waldflecken. Nach der Querung des genau in Falllinie unseres Gipfelzieles herunterziehenden Angerlitals geht's über einen Bergsattel hinüber zur **Kobler Alm (3)**, 1921 m. Noch ein letzter Aufschwung, und ein meist steiler Grassteig löst in einer anmutigen Wiesenmulde inmitten prachtvoller Alpenrosenhänge unseren Weg ab. Das Gipfelkreuz zeigt sich bereits täuschend nah. Der lang gezogene, aber gut gestufte Südostrücken empor zum **Kreuzjoch (4)** zeigt bald, wie's um unsere Kondition bestellt ist.
Der Abstieg erfolgt auf dem Anstiegsweg.

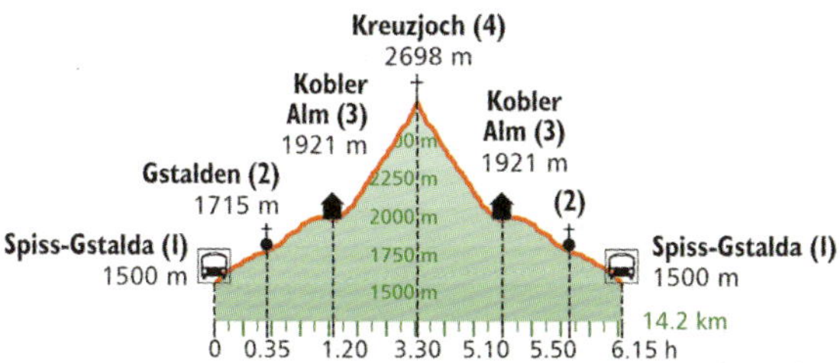

Nauderer Berge

Wenn man durchs Oberinntal Richtung Reschen fahrend aus der Finstermünzer Schlucht heraufkommt, öffnet sich schlagartig das sonnenverwöhnte Hochtal von Nauders. Das freundliche, namenlose Wiesental präsentiert uns ein traumhaftes, einsames Wandergebiet mit einem großzügigen, ja geradezu beispielhaften Routenangebot. Zudem locken in der Umgebung vorbildlich ausgeschilderte Mountainbike-Routen unterschiedlicher Schwierigkeitsgrade und abenteuerliche Wildwasserfahrten. Am besten, man entscheidet sich gleich für Nauders als Urlaubsziel.

Oberhalb des liebenswerten Dorffleckens erstreckt sich ein verhältnismäßig schmaler Waldgürtel. Darüber ergeben sich die prächtigsten Ausblicke über die tiefe Furche des Inns zu den Schweizer Samnaunbergen und weit hinein in die Bergwelt des Unterengadins. Auch der gleißende König Ortler bannt unterwegs immer wieder den Blick. Eine der schönsten Panoramarouten über dem Reschen ist der Nauderer Höhenweg von der Labaunalm zur Bergkastel-Bergstation.

Apropos Bergkastelbahn – diese hilft dem weniger Ausdauernden natürlich ein bisschen auf die Sprünge. Ansonsten ist es während der Sommer- und Herbstmonate auffallend ruhig im Bergkranz um Nauders. Das Hüttenangebot besteht aus einer einzigen und zudem unbewirtschafteten Alpenvereinsunterkunft. Für den durchschnittlich trainierten Wanderer ist dieser Umstand jedoch ohne Bedeutung, da keines der Gipfelziele eine Übernachtung erfordert.

Die Nauderer Berge warten in der Südwestecke der Ötztaler Alpen mit hohen und dennoch leichten Gipfeln auf. Es sind dies keine namhaften Gestalten. Sie passen nicht so recht zum Charakter des Hauptgebirges, da die gerundeten, grasigen Berge überwiegen. Das Ötztalkristallin ist in diesem Bereich auf die kalkhaltigen Bündner Schiefer aufgeschoben. Von der Nauderer Seite sind diese Berge deutlich einfacher zu erreichen als von Pfunds durchs Radurschltal. Zudem spart man sich immerhin 400 m Höhendifferenz. Die höchsten Erhebungen sind Bestandteil der Grenzlinie zu Südtirol und gewähren auch Ausblicke in den Vinschgau.

Die bewaldeten Bergwellen westlich des Reschenpasses – der erste hohe und markante Gipfel ist der Piz Lad – werden der Sesvennagruppe zugeordnet und warten ebenfalls mit einer Auswahl empfehlenswerter Rundwanderungen auf.

Das Hochtal von Nauders mit dem Piz Lad.

26 Selleskopfe, 1646 m

2.10 Std.

Leichtes Gipfelziel in der Sesvennagruppe

Gleich drei kitzlige Inntiefblicke bereichern den Erlebniswert dieser wenig anstrengenden Bergrunde an der Grenze zum Schweizer Kanton Graubünden. Hier, wo der junge Alpenfluss durch die wilde Schlucht tost, trafen während der letzten Eiszeit der Inn- und der Etschgletscher zusammen. Die Eismassen türmten sich dabei bis in eine unvorstellbare Höhe von 2800 m auf.

Talort: Nauders, 1394 m.
Ausgangspunkt: Bushaltestelle beim Gasthof Norbertshöhe an der B 185, westlich von Nauders, 1407 m. Zu erreichen vom Dorf aus in Richtung Schweiz.

Anforderungen: Gut bezeichnete Steige und Wanderwege. Mäßig steile Anstiege. Vorsicht an den Steilabbrüchen.
Höhenunterschied: 240 m.
Einkehr: Am Ausgangspunkt.

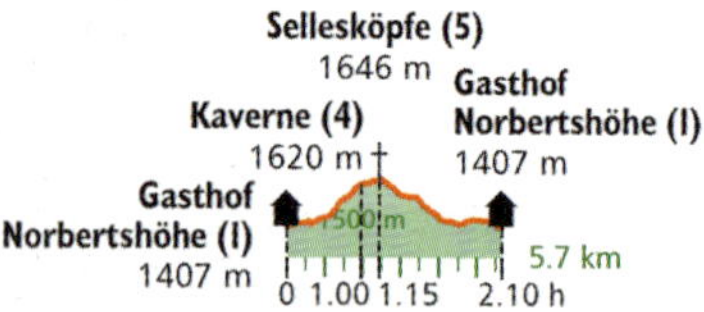

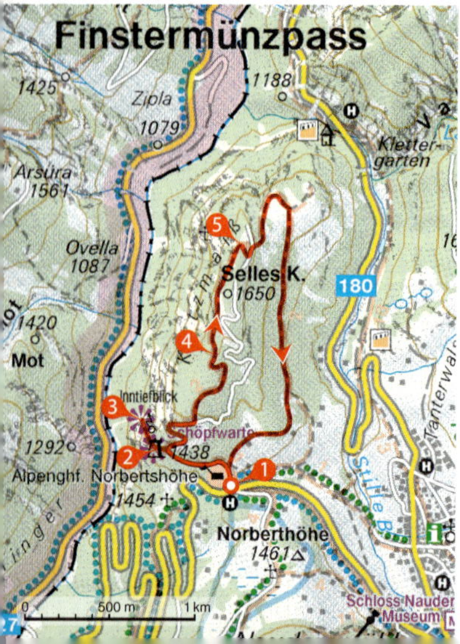

Der Wegweiser »Zur Schöpfwarte« leitet uns beim **Gasthof Norbertshöhe (1)** auf einen Waldweg, der zwischen Kiefern leicht bergan steigt. In der Kehre führt ein kurzer Pfad zum Aussichtspunkt **Schöpfwarte (2)**, einem Mahnmal für die Gefallenen der Alpenvereinssektion Hohenzollern im Ersten Weltkrieg. Herrlich sind die Blicke auf das Schweizer Oberinntal und in die Bergwelt des Unterengadins. Der kleine Abstecher zum bezeichneten **Inntiefblick (3),** 1420 m, sorgt für einen kleinen Nervenkitzel.

Wir folgen nun weiter dem breiten Waldweg, der bald zu einem wurzeligen Steig wird. Dieser leitet in mäßiger Steigung durch schönen Nadelmischwald an ehemaligen Stellungen aus dem Ersten Weltkrieg vorbei, die jedoch nie zum Einsatz kamen, da den italienischen Soldaten der Vorstoß bis zum Reschen versagt blieb. Wenige Meter vor der verfallenen Zettleralm verrät uns die Beschilderung **»Kaverne 1916« (4)**

Über den bewaldeten Selleskōpfen erhebt sich der Mundingrat.

den Zugang zu zwei gut begehbaren Stollen, die zum Steilabbruch führen. Bald darauf finden wir das mit einer falschen Höhenangabe versehene Täfelchen auf dem nördlichen der beiden **Selleskōpfe (5)**. Die Bäume geben den Blick auf den südlichen Hauptkamm der Samnaunberge frei. Kurz danach lenkt uns der Wegweiser auf die reizvolle Abstiegsroute durch lichten Nadelwald zur Selleswiese.

An der Gabelung beachten wir die Bezeichnung »Gemeindeboden – Nauders«. Über dem in das anmutige Hochtal eingebetteten Dorfflecken bestechen die zackigen Gipfelkronen überm Reschen. Im unteren Abschnitt finden wir einen breit ausgetretenen Wanderweg vor. Vom sonnigen Gemeindeboden folgen wir dem Pfad am Waldrand zurück zum **Gasthof Norbertshöhe (1)**.

27 Jausenstation Novelleshof, 1694 m

2.20 Std.

Genusswandern auf verschwiegenen Pfaden

Bedingt durch die bevorzugte Lage an der alten Handels- und Heerstraße, der Via Claudia Augusta von Verona über den Reschenpass nach Augusta Vindelicorum, dem heutigen Augsburg, kam Nauders immer schon eine große Bedeutung zu. Funde deuten auf eine frühe Besiedlung des einstigen römischen »Inutriums« in der Späteisenzeit hin. Die stattlichen Gasthäuser sorgten neben dem leiblichen Wohl auch für Vorspann und Pferdewechsel.

Ausgangspunkt: Nauders, Bushaltestelle an der Tourist-Info, 1360 m; Parkplatz an der Straße zum Reschenpass.
Anforderungen: Ausreichend bezeichnete Pfade (kurze Pfadspur) und Anliegersträßchen, anfangs Dorfstraßen. Nur mäßig steile Anstiege.
Höhenunterschied: 450 m.
Einkehr: Nauders, Jausenstation Novelleshof.

Wir starten an der Tourist-Info in **Nauders (1)** und spazieren am Spitalkirchlein bergan zum Dorfbrunnen. Eine Gasse schwingt sich rechts hinauf zur Kirche. Dort nehmen wir das obere, aussichtsreich taleinwärts führende Bergsträßchen. Das liebenswerte Dorfbild lohnt einen Rückblick. Der mit »Abk. Novelles« bezeichnete, abzweigende Steig mündet weiter oben wieder in das Sträßchen. Durch Nadelwald wandern wir, ohne groß außer Atem zu geraten, über eine Schleife empor zum **Novelleshof (2)**, der den Wanderer als Jausenstation einlädt.
Über Bergmähder und das Tälchen des Galdstirbachs querend, folgen wir dem mäßig steigenden Pfad. Jenseits des Inntals erheben sich die Samnaunberge mit dem vertrauten Piz Mundin. An einer Rastbank mit Beschilderung kurz vor Stables steigen wir auf einer Pfadspur über die **Stableswiesen (3)**, 1810 m, bergab zu einem Privathaus. Nach einem kleinen Stück auf dem Fahrweg biegen wir rechts erneut auf einen Pfad ab, der an Heustadeln vorbei und durch ein Nadelwäldchen talwärts führt. Bald nach der neuerlichen Querung des Galdstirbachs geht's auf dem bekannten Sträßchen zurück nach **Nauders (1)**.

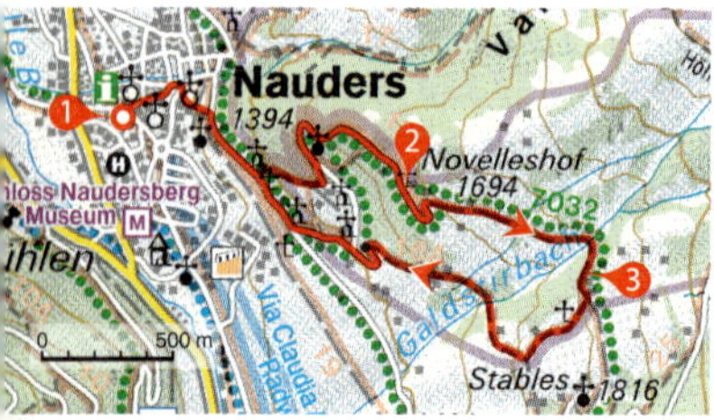

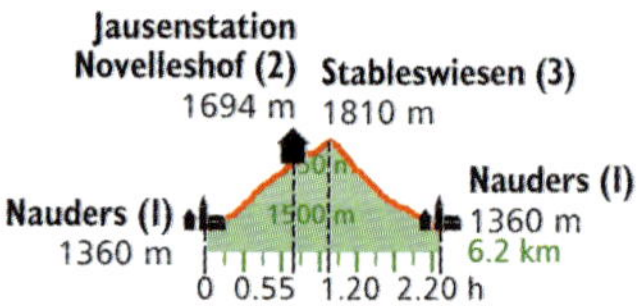

Idyllische Szenerie am Rückweg von der Jausenstation Novelleshof.

28 Durchs Gamor zum Nauderer Höhenweg

5.15 Std.

Alpenrosenmeere und Ortlerblick

Durch das Gamor – im unteren Abschnitt heißt das Hochtal Valrie – brachen früher immer wieder verheerende Lawinen- und Murenabgänge über Nauders herein. Heute ist der Gamorbach durch umfangreiche Verbauung gebändigt.

Ausgangspunkt: Nauders, Bushaltestelle an der Tourist-Info, 1360 m; Parkplatz an der Straße zum Reschenpass.
Anforderungen: Meist gut bezeichnete Almwege, Steige und Pfade, anfangs Dorfstraßen. Überwiegend angenehme Steigungen.
Höhenunterschied: 840 m.
Einkehr: Nauders, Jausenstation Novelleshof.

Wir starten an der Tourist-Info in **Nauders (1)** und spazieren am Spitalkirchlein bergan zum Dorfbrunnen. Links der Kirche orientieren wir uns am Wegweiser »Parditschhof«. Vom Ortsende weist uns das Täfelchen »Gamourtal« auf einen steilen Almweg. An der gleich folgenden Gabelung wandern wir erst links auf einem kurzen Pfad Richtung Munt und an der nächsten Verzweigung rechts hinauf ins Valrie.

Auf einem Ziehweg halten wir uns über die Bachbrücke und folgen auf einem noch mäßig steigenden Pfad dem Bach. Bald treffen wir wieder auf den Ziehweg. Das Tal verengt sich. Ein Steig führt uns nun spürbar bergan. Die Bezeichnung »Zum Nauderer Höhenweg« beachtend, geht's ein Stück auf einem Forstweg weiter und wieder auf dem Steig über Almweiden zu den Bünnler Böden. Dort treffen wir bei der kleinen **Gamoralm (2)**, 1943 m, auf das Ende des Forstwegs. Mit Blick ins Unterengadin steigen wir hinauf zur Abzweigung des Nauderer Höhenwegs beim Gamorbachsteg. Diesen weltvergessenen Winkel muss man ein Weilchen wirken lassen.

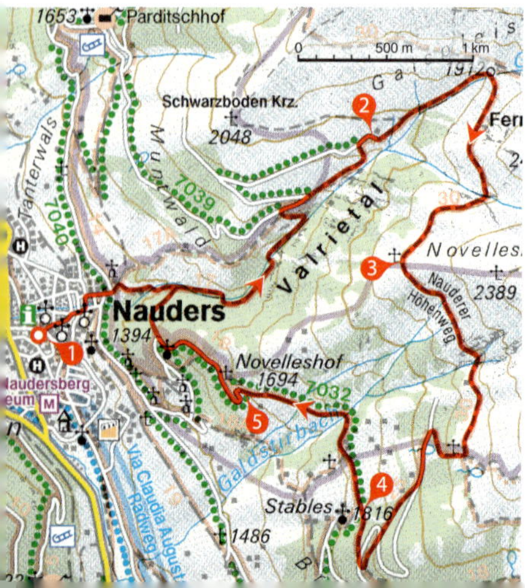

Der leicht ansteigende Steig leitet uns über Alpenrosenhänge Richtung Novellesboden. Nach Überschreiten des Ferminztals betreten wir auf 2220 m Höhe auf dem **Novellesboden (3)** den höchsten Punkt unserer Runde. Plötzlich ragen hinterm Reschen mit dem reich geglie-

Im einsamen Gamor, am Beginn des Nauderer Höhenwegs.

derten Massiv der Klopaier- und der Bergkastelspitze die gletschergekleideten Ortlerberge auf – ein Anblick, der zu einer Schaupause zwingt. Jenseits der Innsenke stehen aufgereiht die Samnaunspitzen.
Ein bequemer Pfad führt uns nun über Grashänge leicht bergab. Oberhalb des Höhenwegs werden Ziegen und Schafe gesömmert. Bald tauchen wir zwischen den ersten Lärchen unter und folgen an der Kreuzung auf dem Stables-Hochboden dem Steig Richtung Stables.
An der Verzweigung im kranken Fichtenwald weist uns die Beschilderung »Jausenstation Stables« auf einen breiten Wanderweg. In **Stables (4)**, 1833 m, führt der obere Pfade an einem sehenswerten, ursprünglichen Anwesen vorbei und quert oberhalb der nicht mehr existierenden Jausenstation Stables (heute Ferienhaus) die Wiesen und den Galdstirbach zur **Jausenstation Novelleshof (5)**, 1694 m. Nach einem kurzen Stück auf dem Teersträßchen folgen wir in der Waldkehre dem Steig am verfallenen Gebäude Einsiedel vorbei zurück zur bekannten Route nach **Nauders (1)**.

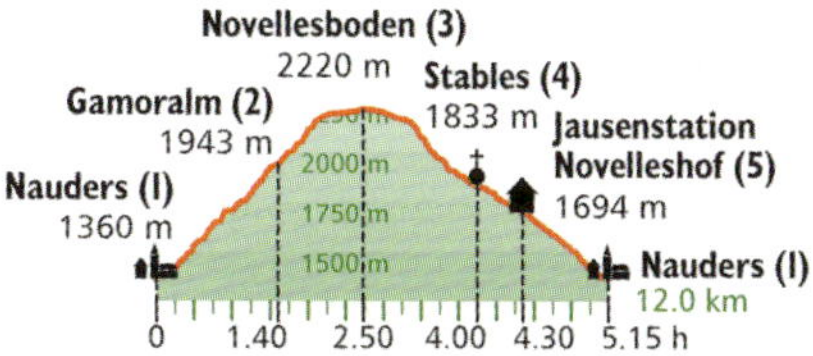

29 Vom Reschen zu den Bergkastelmähdern

2.45 Std.

Stippvisite im Dreiländereck

Ausblicke in die Sesvennagruppe gewährt diese beschauliche Halbtagestour durch stille Waldflecken und über Bergmatten im Dreiländereck am Reschenpass.

Talort: Nauders, 1394 m.
Ausgangspunkt: Bushaltestelle an der Grenzstation Reschen, 1450 m; Parkplatz.
Anforderungen: Ausreichend bezeichnete Zieh- und Forstwege sowie Pfade und Pfadspuren, teils auf verkehrsfreier alter Passstraße. Ein steiler Aufschwung. Orientierungssinn vorteilhaft.
Höhenunterschied: 270 m.
Einkehr: Am Ausgangspunkt, Lärchenalm.

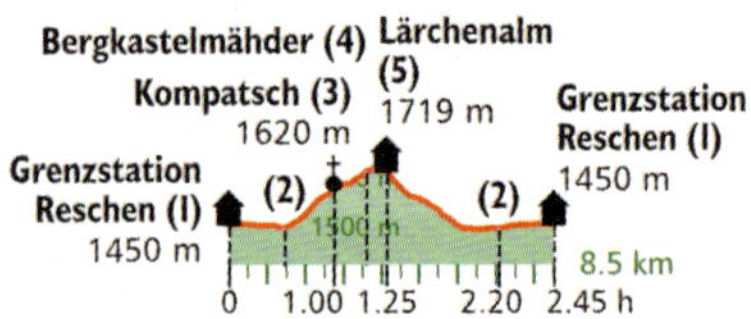

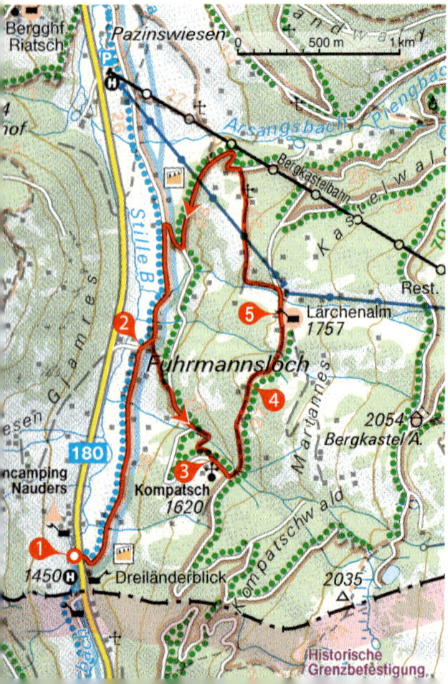

Beim Gasthof Dreiländerblick gleich neben der **Grenzstation Reschen (1)** führt uns die verkehrsfreie alte Passstraße über die Talwiesen. Bei den Häusern von **Fuhrmannsloch (2)** folgen wir dem Ziehweg, zweimal einen Forstweg und den Kompatschbach kreuzend, durch den Nadelwald hinauf zum **Kompatschhof (3)**, 1620 m, mit dem Gotteshäuschen – bis auf den letzten, etwas steileren Aufschwung ein gemächlicher Anstieg. Die Beschilderung »Martanneswiesen« weist uns auf einen anfangs flachen Waldweg, der auf zwei Holzstegen bei einem kleinen Wasserfall nochmals den Kompatschbach und einen Zufluss quert. Wir steigen wieder bergan und erreichen die unteren **Bergkastelmähder (4)** mit einzelnen Fichten und Lärchengruppen. Vorbei an mehreren Heustadeln über die gepflegten Bergwiesen spazierend, gilt die Aufmerksamkeit auf der unterschiedlich deutlichen Pfadspur den Bezeichnungen. Am Stadel mit Markierungszeichen sowie auf einem feuchten Wiesenfleck schwenken

Über dem Wandergebiet um die Lärchenalm ragen die westlichsten Gipfel der Ötztaler Alpen auf.

wir jeweils links ab. Auf 1720 m Höhe ist der höchste Punkt unseres beschaulichen Rundkurses erreicht. Wo die Route bei der **Lärchenalm (5)** auf eine Skiabfahrt stößt, ergeben sich schöne Blicke zum jenseits des Nauderer Hochtals aufragenden Piz Lad in der Sesvennagruppe, die gleich Anteil an drei Ländern hat, und in die Berge überm Inntal. Wir beachten den Wegweiser »Alte Strasse–Nauders« und folgen dem an einem Bacheinschnitt talwärts führenden und die Martanneswiesen querenden Pfad. Zuletzt geht's auf einem Forstweg hinunter zur alten Passstraße und auf dieser über **Fuhrmannsloch (2)** zurück zur **Grenzstation (1)**.

30 Schmalzkopf, 2724 m

6.45 Std.

Behäbiger Hausberg der Nauderer

Das Valdigastei, das Schlosstal, mündet als tiefe Schlucht in die Finstermünz. Nach oben hin wechselt es in das Almgebiet des Jochtals mit der Labaunalm. Blickfang über dem abschließenden Saderer Joch ist der Schmalzkopf. Der kreuzgeschmückte Grasriese mit seiner für die Nauderer Berge typischen Kugelform erfreut durch eine weite Rundschau bis in die Bernina.

Ausgangspunkt: Nauders, Bushaltestelle an der Tourist-Info, 1360 m; Parkplatz an der Straße zum Reschenpass.
Anforderungen: Durchweg gut bezeichnete Alm- und Ziehwege sowie Steige. Überwiegend wenig steile Anstiege. Bei Nässe schmierig.
Höhenunterschied: 1360 m.
Einkehr: Nauders, Labaunalm, Parditschalm.

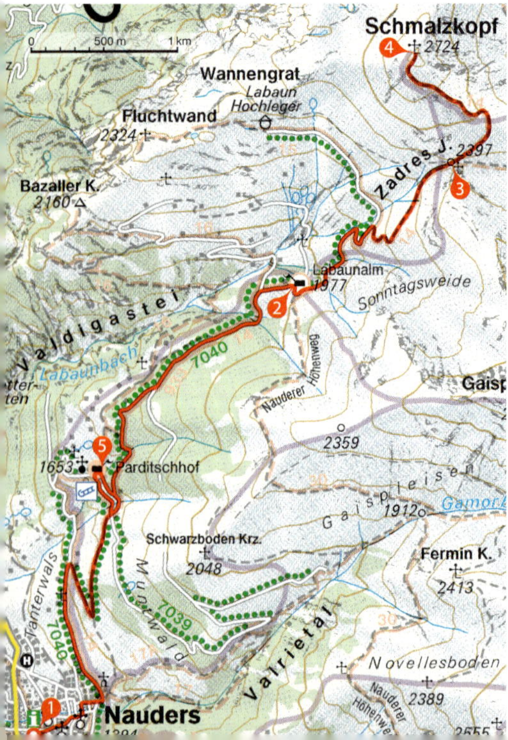

Wir starten an der Tourist-Info in **Nauders (1)** und spazieren am Spitalkirchlein bergan zum Dorfbrunnen. Links der Kirche orientieren wir uns am Wegzeiger »Parditschhof«. Der anfangs asphaltierte Almweg über die Bergwiesen hinauf überrascht mit einem vorzüglichen Blick zurück auf Nauders. Über den Waldschöpfen der Selleköpfe protzt das schneidige Gipfelpaar Piz Mundin und Piz Alpetta.

Wir entscheiden uns für den abzweigenden alten Ziehweg. Über eine weite Schleife wandern wir durch den Muntwald bergan zu einem Forstweg. Ein kurzer Pfad mündet wieder in einen Almweg. Dieser leitet

Der Schmalzkopf von Westen betrachtet.

uns alsbald auf den behäbigen Schmalzkopf zu und weiter zur bereits über der Waldgrenze gelegenen **Labaunalm (2)**, 1977 m. Unsere Route quert nun in weiterhin angenehmer Steigung über Viehweiden zwei Bachrinnen und wechselt, nach dem Unterqueren einer Hochspannungsleitung, in einen Steig, der die teils von Alpenrosen bedeckten Hänge zum Kreuz des **Saderer Jochs (3)**, 2397 m, überwindet. In einem Bogen ausholend, erreichen wir über den bis zuletzt grasigen Südostrücken das Gipfelkreuz auf dem **Schmalzkopf (4)**. Die weiten Ausblicke besonders in die Schweizer Bergwelt, dazu tief unter uns der Inn, lassen einen ins Schwärmen geraten.
Wo wir nach dem langen Abstieg im Wald wieder auf unseren kurzen Pfad stoßen, bleiben wir noch ein kleines Stück dem Almweg zur **Jausenstation Parditschalm (5)**, 1653 m, mit Kapelle und Weiher treu. Auf dem links abzweigenden Forstweg wandern wir zurück zum nahen alten Ziehweg und auf der Aufstiegsroute nach **Nauders (1)**.

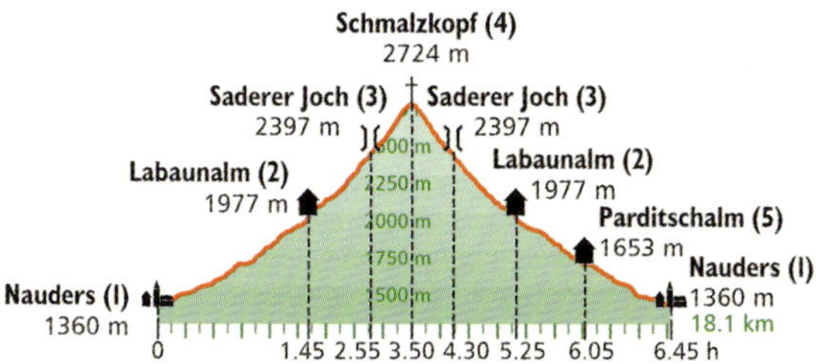

TOP 31

Mataunkopf, 2886 m

5.00 Std.

Durch die Felsenwüste Ganderbild zu den Goldseen

Erlebnisreiche Gipfeltour in der Südwestecke der Ötztaler Alpen. Ein Höhepunkt der Wanderung zu den Goldseen ist die Durchquerung des felsübersäten Ödlands Ganderbild – eine Passage, die nicht nur die Knie belastet, sondern auch eine eigenwillige Ausstrahlung auf den Wanderer ausübt.

Talort: Nauders, 1394 m.
Ausgangspunkt: Bushaltestelle an der Talstation der Bergkastelseilbahn, 1400 m; Parkplatz.
Anforderungen: Gut bezeichnete Steige und Steigspuren über teilweise anstrengendes Blockwerk, anfangs Pfad. Ein paar steile Aufschwünge. Nicht bei Nebel oder unsicherer Wetterlage!
Höhenunterschied: 770 m.
Einkehr: Talstation, Restaurant Bergkastel an der Bergstation.

Wir benützen von der **Talstation** der **Bergkastelseilbahn (1)** die Gondel zur Bergstation mit dem **Restaurant Bergkastel (2)**, 2190 m, auf dem Klasjungerkopf. Dabei ergibt sich ein schöner Rückblick zum Schloss Naudersberg, heute Restaurant und Museum und bis 1919 Sitz des Gerichts. Die romanische Leonhardskapelle mit bedeutenden Fresken zählt zu den ältesten Kirchengebäuden Tirols.

An der Skiliftstation bei der Bergstation zeigt die Beschilderung zum Mataunkopf auf einen Wiesenpfad, der in einen von Zirben bestandenen Taleinschnitt leitet und von dem sanft steigenden, reizvollen Steig Richtung Goldseen abgelöst wird. Die Passage durch das Blockmeer »In der Gande« ist dank der Holzstege leicht begehbar (Markierungen beachten). Über eine blockige Moränenhalde geht's am Bildstock im Taleinschnitt Ganderbild vorbei. Ab dem markanten »Stein« steigt der Kurs deutlich bergan zu einem Grasabsatz. An der Gabelung nach dem steilen, steinigen Aufschwung begeistert der »Seitensprung« über die Kuppe zu den **Goldseen (3)**. Vom blaugrünen Spiegel des unteren Sees (2554 m) am Fuß der Bergkastelspitze ist es nicht weit zu dem in eine wüste Karmulde eingebetteten oberen See (2585 m). Darüber die wild zerhackte Gratschneide der Plamorderspitze.

Nur ein kleiner Abstecher führt zum unteren Goldsee am Fuß der Bergkastelspitze.

Nach dem Abstecher queren wir an zwei trockenen Seemulden vorbei die steinigen Böden und mühen uns in engen Kehren, teils nur auf Steigspuren, das Schuttkar empor zur **Pedroßscharte (4)**, 2816 m. Über den schrofigen Gratrücken, entlang der Grenze zu Italien, gewinnt man den doppelgipfligen **Mataunkopf (5)**, einen Aussichtsthron ersten Ranges.
Der Rückweg erfolgt auf dem Anstiegsweg.

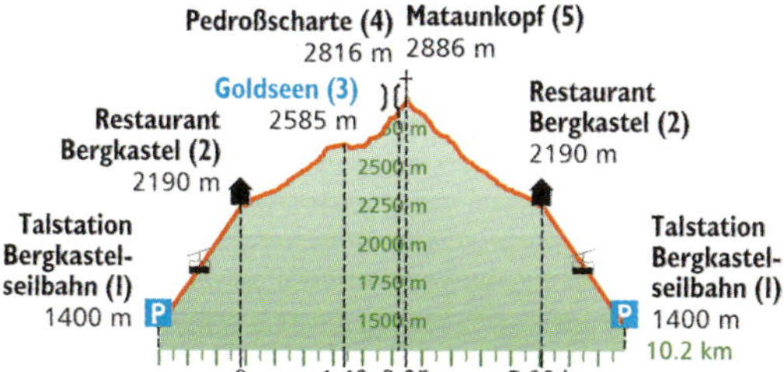

TOP

32 Großer Schafkopf, 2998 m

9.15 Std.

Höchster Gipfel des Nauderer Bergkranzes

Der alles überragende Grenzgipfel »Cima delle Pecore«, zu Deutsch schlicht Großer Schafkopf, thront 2000 m über dem Inntal und immer noch mehr als 1600 m über dem Talort Nauders.

Ausgangspunkt: Nauders, Bushaltestelle an der Tourist-Info, 1360 m; Parkplatz an der Straße zum Reschenpass.
Anforderungen: Meist gut bezeichnete Alm- und Ziehwege, teilweise undeutliche Pfade und Steige. Ein paar steile Aufschwünge und längerer kräftiger Anstieg zum Wölfelesjoch, Kondition erforderlich. Nicht bei unsicherem Wetter oder Nebel!
Höhenunterschied: 1640 m.
Einkehr: Nauders, Berghotel Jochelius, Piengalm.

Wir starten an der Tourist-Info in **Nauders (1)** und spazieren am Spitalkirchlein bergan zum Dorfbrunnen. Eine Gasse schwingt sich rechts hinauf zur Kirche. Die Beschilderung »Berghotel Jochelius« weist uns auf einen bequem über die Bergwiesen führenden Wirtschaftsweg mit Ortlerblick und Aussicht in die Samnaunberge. Am Rosskopf schwenken wir in ein Anliegersträßchen ein und zweigen bald danach auf den Almweg ab, der durch das von Waldhängen eingeschlossene Tal des Piengbachs zum **Berghotel Jochelius (2)**, 1880 m, leitet. Dort geht es in mehreren Kehren empor zur **Piengalm (3)**, 1993 m.

Wir orientieren uns am Wegweiser »Saletz – Großer Schafkopf« und wandern auf der Weidespur in das nahe Lärchenwäldchen, wo eine Viehkoppel zu queren ist. Ein Ziehweg schleicht nach der Bachquerung in das grüne, einsame Saletz hinein. Er wird hinter zwei allerkleins-

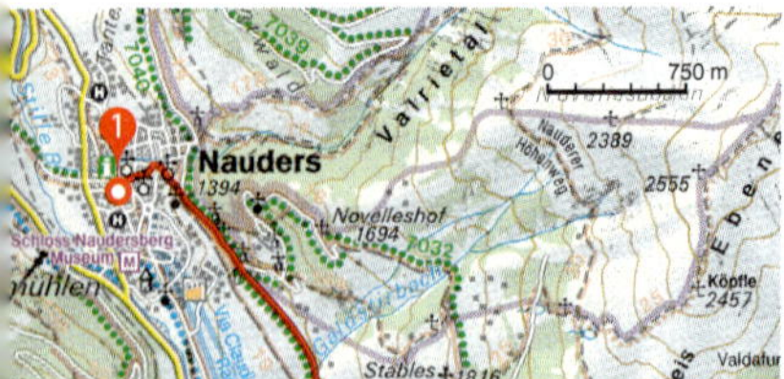

Ortlergruppe vom Großen Schafkopf.

ten Hütten von einem zwischen Alpenrosenmeeren verlaufenden Pfad abgelöst. Nach dem Uferwechsel am Fuß des Pienger Kopfs erwartet uns ein Aufschwung zum Unteren Mataunboden. Weiter über Grasböden folgt eine Erholungsetappe. Von der Verzweigung auf dem Oberen Mataunboden steigen wir im Zickzack auf nicht immer deutlichem Steig gerade hinauf über die anstrengende, zum Teil schuttbedeckte Flanke ins **Wölfelesjoch (4)**, 2829 m. Auf dem schmalen, schrofendurchsetzten Südwestrücken gelangen wir weniger steil und ohne Schwierigkeiten zum kreuzgeschmückten **Großen Schafkopf (5)**. Er ist Teil der Wasserscheide zwischen Mittelmeer und Schwarzem Meer und besticht mit einem unvergesslichen Gipfelpanorama. Besonders nah ragen die südlichen Ötztaler Alpen mit der leuchtenden Weißkugel auf.
Der Abstieg verläuft auf dem Anstiegsweg.

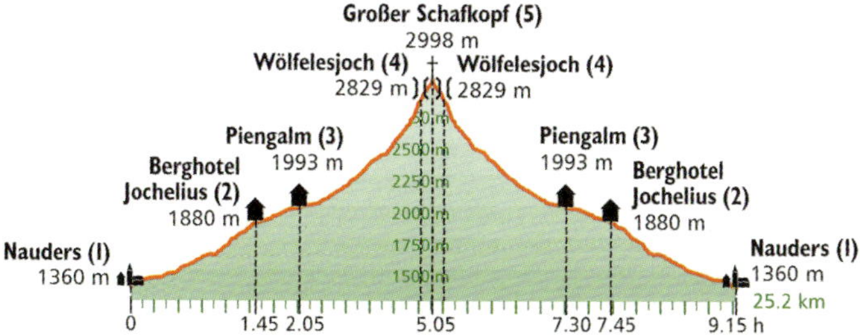

Kaunertal

Das nur im unteren Abschnitt besiedelte Kaunertal trennt den Naturpark Kaunergrat vom Glockturmkamm. Unterhalb der Gemeinde Kaunertal nimmt die ab dem Gepatsch-Stausee in nördlicher Richtung fließende Fagge eine Kursänderung nach Westen vor, bevor sie bei Prutz in den Inn mündet. Von Nufels einwärts weitet sich der Talboden und steigt nur noch sanft an. Erst wieder empor zum Stausee folgt eine deutliche Stufe. Abgeriegelt wird das beeindruckende und etwas ernst wirkende Hochtal von der Eiswüste des Gepatschferners, dem zweitgrößten Gletscher der Ostalpen, und so namhaften Bergriesen wie der Weißseespitze (3518 m), dem Fluchtkogel (3497 m) und der Hochvernagtspitze (3535 m).

Ähnlich wie schon im Oberinntal stehen sich auch an der schluchtartigen Ausmündung des Kaunertals auf der Sonnenseite Wiesenhänge und auf der Schattenseite ein nahezu geschlossener Fichtenwaldmantel gegenüber. Die sonnigen Berglehnen laden den Besucher zu abwechslungsreichen Wanderrunden ein. Dabei fesseln die aufstarrenden Riesenkeile des zerrissenen Kaunergrats mit ihrer eleganten Architektur.

Zwischen dem Talknick und dem Stausee liegt das Hauptangebot an Tourenmöglichkeiten in den typischen Steilaufstiegen entlang ungestümen Sturzbächen zu aussichtsreichen, etwa an der Waldgrenze angesiedelten Alm- und Jagdhütten. Bereits auf diesen verhältnismäßig kurzen und spannenden Unternehmungen präsentiert sich eine Taltiefe und eine Ursprünglichkeit, die süchtig machen kann nach Kaunertalwanderungen. In

Der wilde Talschluss des Verpeiltals.

besonderem Maße gilt dies für den Herbst, wenn die Lärchen und die von der Schneelast verkrüppelten Birken mit ihren weiß leuchtenden Stämmen zwischen den ehrwürdigen Zirben goldgelb und orange aufflammen.

Watzespitze und Madatschtürme im Naturpark Kaunergrat.

Geologisch sind der Kaunergrat und der Glockturmkamm aus Ötztalkristallin aufgebaut. Im Vergleich zu den in den Ötztaler Alpen weitverbreiteten Schiefergneisen und Glimmerschiefern herrschen hier jedoch Granitgneise vor. Quarz und Feldspat nehmen den Hauptanteil des Gesteins ein. Viele der mächtigen Berggestalten sind auffallend kantig und himmelstrebend. Ganz besonders bestimmen diese Merkmale den deutlich höheren Kaunergrat, der – wie auch der Glockturmkamm – vielerorts mit Gletschern geschmückt ist. Für den Wanderer, der von der Unberührtheit der Bergwelt beiderseits des Tales schwärmt, dem Reich des Steinbocks und Adlers, bedeutet dies, dass die meisten Gestalten für ihn auch unberührt bleiben werden. Dafür gehören die auserwählten, auf Steigen zugänglichen Gipfelziele zu den großen Erlebnissen eines Kaunertalurlaubs. Die oberhalb von Feichten gelegene Verpeilhütte, ein Alpenvereinsstützpunkt in romantischer Umgebung, bietet sich für mehrtägige Touren an.

Die zum Ganzjahres-Skizirkus führende Kaunertaler Gletscherstraße – für die Talbewohner leider ein ebenso mäßiger finanzieller Segen wie bereits zuvor der Staudammbau – erspart uns manchen langen »Hatscher« aus dem Talschluss. Der 3353 m hohe Glockturm beispielsweise rückt somit in verlockende Nähe, und ein namenloser Dreitausender auf der Grenze zu Italien schrumpft gar zu einer Halbtagestour zusammen.

33 Naturparkhaus Kaunergrat, 1559 m

4.15 Std.

Wirtshauswanderung aus dem Oberinntal

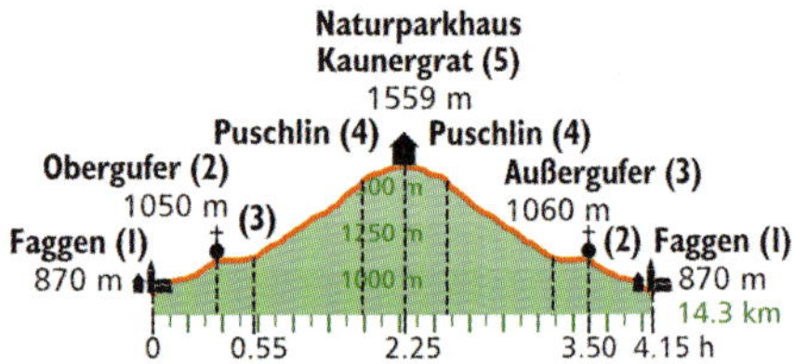

Wer mit einer einfachen, aber romantischen Halbtagestour aus dem mittleren Oberinntal liebäugelt und sich neben schönen Ausblicken am Ziel auch noch eine freundliche Einkehr erwartet, für den ist der stille Aufstieg zur Pillerhöhe möglicherweise genau das Richtige. Sollte es einen dann frisch gestärkt noch zu alpinen Taten drängen – kein Problem. Der Aufstieg lässt sich in mehreren Etappen noch um runde 1300 Höhenmeter fortsetzen, bis zum Gipfel der Hohen Aifner Spitze im Kaunergrat.

Ausgangspunkt: Faggen, Bushaltestelle bei der Kirche, 870 m; Parkplatz.
Anforderungen: Gut bezeichnete Forst- und Feldwege sowie verkehrsarme Sträßchen. Nur mäßig steile Anstiege.
Höhenunterschied: 690 m.
Einkehr: Faggen, Naturparkhaus Kaunergrat.

Rechts der Kirche von **Faggen (1)**, einem kleinen Dorf an der Mündung des Kaunertals ins Inntal, beginnt ein schmales und verkehrsfreies Bergsträßchen Richtung Außergufer. Es erfreut mit schönen Tiefblicken auf Prutz und das Oberinntal. Drüben bei Ladis fällt die Burg Laudegg ins Auge, einst Sitz des Oberen Gerichts. Weiter das Sträßchen benützend, geht es nach einem Erholungsabschnitt bergauf über steile Wiesenhänge nach **Obergufer (2)**, 1050 m, mit einer kleinen Kapelle. Gleich unterhalb des Bauernhofs folgen wir dem Feldweg Richtung Fließ. An der Verzweigung

Wie in alten Zeiten: die Bergmähder von Puschlin.

achten wir auf die Markierung und spazieren auf dem Wanderweg sanft bergan durch den felsdurchsetzten Kiefern-Lärchen-Wald. Kurz vor den Höfen von **Außergufer (3),** 1060 m, schwenken wir in den steigenden Forstweg (»Fließ«) ein und halten uns links hinauf über einen Wiesenfleck. Talauswärts erhebt sich stolz die Parseierspitze.

Wieder im Wald stoßen wir in einer Kehre auf den Wegweiser nach Puschlin. Dieser Bezeichnung bleiben wir nun über die Forstwegwindungen bergan und im weiteren Verlauf auf einem Feldweg über die aufsteilenden Bergmähder treu. Wer hier zur Zeit der Heuernte unterwegs ist, lernt ein noch ursprüngliches Stück Tirol kennen. Ab dem unbedeutenden Weiler **Puschlin (4)**, 1476 m, eine Viertelstunde auf einem nur noch sanft steigenden Sträßchen wandernd, erreichen wir das nahe der Pillerhöhe gelegene **Naturparkhaus Kaunergrat (5)**. Von der Aussichtsplattform hoch über dem Inn, am wenig befahrenen Sträßchen von Kaunerberg, genießt man hervorragende Blicke auf das Oberinntal und die Bergspitzen des vorderen Kaunertals.

Der Rückweg verläuft auf dem Anstiegsweg.

34 Schnadiger Weiher, 1610 m

2.20 Std.

Badeausflug über dem Tor des Kaunertals

Faulenzer-Wanderung oberhalb von Kaunerberg, der sonnigen Streusiedlungsgemeinde über dem vorderen Kaunertal östlich von Prutz. Der eigentlich für Bewässerungszwecke aufgestaute Schnadiger Weiher lädt abgehärtete Naturen auf der erholsamen Höhenwanderung zur erquickenden Schwimmrunde in einer großartigen alpinen Umgebung.

Talort: Kaunerberg, 1330 m.
Ausgangspunkt: Falpaus, Bushaltestelle bei der Martinskapelle unterhalb des Ortes, 1421 m; Parkmöglichkeit. Zu erreichen von Kauns auf dem Bergsträßchen Richtung Piller.
Anforderungen: Ausreichend bezeichnete Forstwege und zu Beginn sowie am Schluss verkehrsarme Bergsträßchen, kurzer Pfad. Mäßig steile Anstiege.

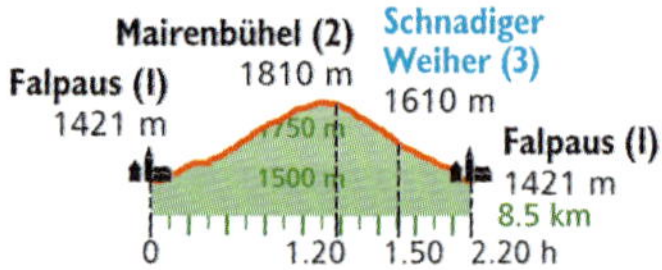

Höhenunterschied: 390 m.
Einkehr: Falpaus.

Von der **Martinskapelle (1)** begnügen wir uns erst mal mit dem Bergsträßchen über die Wiesen hinauf nach **Falpaus**. Trotz des Nadelwaldes schenkt die Fortsetzung der wenig befahrenen Route nette Ausblicke zum grünen Inn und zu den Kalkzinnen der Parseiergruppe. Erst nachdem die Hochspannungsleitung zum zweiten Mal die Straße gekreuzt hat, zweigen wir auf den Forstweg Richtung Aifneralm ab. Einzelne Bergmähder lockern den Waldspaziergang auf. Ab und an lässt sich der Hohe Riffler durchs Geäst erspähen.

An der Gabelung bei den prächtigen Feuchtwiesen mit Orchideen und Wollgräsern halten wir uns links und an der folgenden Verzweigung rechts. Von der nächsten Gabelung wählen wir die Route Richtung Kaunerberg. Kurz nach der Wegkuppe (1810 m) am **Mairenbühel (2)** lädt uns auf einem Wiesenfleck, wo der Steig zur Aifner Spitze abzweigt, ein sonniges Rastplätzchen zum Verweilen.

Romantisches Ausflugsziel Schnadiger Weiher mit dem nördlichen Kaunergrat.

Wir bummeln nun talwärts über Viehweiden und Bergwiesen, teils mit schönen Zirben, und kommen in den Genuss faszinierender Blicke auf die zersägten Gratschneiden der spitzgipfligen Kaunertaler Berge. Später leiten ein paar Wegschleifen hinunter durch den Nadelwald. Gleich nach der Schranke links am Wegrand biegt ein unmarkierter Pfad ab, der uns kurz bergab zum **Schnadiger Weiher (3)** leitet. Das romantisch gelegene Gewässer verführt zu einer erfrischenden Badepause. Die spiegelnden Bergzacken geben ein märchenhaftes Bild ab. Direkt über dem See ragt die Hohe Aifner Spitze auf.

Anschließend folgen wir weiter dem talwärts führenden Pfad nach **Schnadigen (4)**, 1560 m, wo wir auf ein Sträßchen stoßen. Von der Abzweigung am Ortsrand halten wir uns geradeaus und treffen bald darauf wieder bei der Kapelle von **Falpaus (1)** ein.

35 Auf dem Wallfahrtsweg nach Grünig

2.40 Std.

Spannende Pfadfinderei mit Überraschungen

Für Liebhaber individueller Wanderrouten empfiehlt sich diese stille und aussichtsreiche Runde über die kurzweiligen Sonnenhänge im Gemeindegebiet Kaunerberg unter dem Massiv der Aifner Spitze.

Ausgangspunkt: Kaunerberg, Bushaltestelle Kaunerberg in Mairhof-Prantach mit Infotafel, an der Abzweigung im Schloßbachtal, 1300 m; Parkplatz. Zu erreichen von Kauns auf dem Bergsträßchen Richtung Piller.

Anforderungen: Gut bezeichnete Pfade und Ziehwege, auf dem ersten Abschnitt der Tour verkehrsfreies Sträßchen. Zwei steile Aufschwünge. Orientierungssinn erforderlich.

Höhenunterschied: 250 m.

Wir folgen von der Bushaltestelle Kaunerberg in **Mairhof-Prantach (1)** dem verkehrsfreien Sträßchen über den Schlossbach nach Mairhof. Über den Prantacher Häusern mit dem netten Kirchlein wetteifern die Zackenkronen des Kaunergrats um die Gunst des Betrachters. Nach dem Queren des Mühlbachs wählen wir an einer Gabelung den Feldweg Richtung Kaltenbrunn. In der Kurve hinter dem Gotteshäuschen zeigt der Wegweiser auf einen Pfad, der uns durch eine kleine Viehweide führt. Beim zweiten Weidedurchgang ist die Route als Wallfahrtsweg bezeichnet. Unter einem kleinen Wasserfall trägt uns ein Holzsteg über den Zauherbach. Im Wald leitet ein weiterer Steg über einen Sturzbach.
Am Steilhang entlangschlendernd finden wir auf dem Genusskurs ein kleines Höhlenportal. Gebückt treibt einen die Neugier ein Stück hinein ins

In Kaunerberg entdeckt man noch manchen unverfälschten Winkel.

rätselhafte Dunkel. Nun ergibt sich ein anregender Talblick. Nach kurzem Abstieg mündet die Route unterm Fall des Englerbachs in den Ziehweg nach Kaltenbrunn.

In **Grünig (2)**, 1200 m, mit Blick zur Wallfahrtskirche Kaltenbrunn steht ein besonders schönes, altes Holzhaus. Darüber fesseln ungemein steil aufstrebend die atemberaubend nahen Wandfluchten des bizarren Kaunergrats – ein einprägsames Bild, das die Wahl des Rückwegs leichtfallen lässt. Der hintere Ortsteil ist in kurzer Zeit auf dem Sträßchen über den Lahnbach zu erreichen.

Zurück an der Verzweigung unterm Englerbach-Wasserfall bleiben wir über Viehweiden und durch Waldflecken – ab und an eine Andachtsstätte – dem talwärts führenden Ziehweg treu. Außer den zwei Häusern von **Martinsbach** (1120 m) gibt es keinerlei Besiedlung.

Nach dem Mühlbachsteg zweigen wir auf den Pfad Richtung Ebene ab. Dieser mündet oberhalb in einen Fahrweg, der bergwärts an drei Häusern vorbeiführt. Zuletzt leitet uns ein steiler Wiesenpfad zurück nach **Mairhof (1)**.

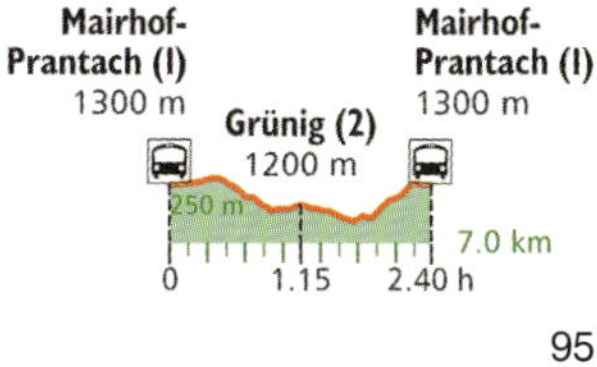

36 Gallruttalm, 1980 m

4.30 Std.

Über den ältesten Wallfahrtsort Nordtirols

Ein Ritter Schenkenberg soll der Legende nach im späten 13. Jahrhundert an der Stelle der etwa 200 Jahre später errichteten Wallfahrtskirche Kaltenbrunn als gottgefällige Sühne für einen begangenen Mord eine kleine Kapelle erbaut haben. Unversehrt blieb im Jahre 1438 nach einem Brand das Gnadenbild, eine geschnitzte Muttergottes mit Kind.

Talort: Kaunertal, 1287 m.
Ausgangspunkt: Platz, erster Ortsteil an der Kaunertalstraße, Bushaltestelle, 1230 m; Parkplatz am Ortsanfang.

Anforderungen: Gut bezeichnete Bergsträßchen und Steige. Ein steiler Abschnitt.
Höhenunterschied: 780 m.
Einkehr: Kaltenbrunn und Gallruttalm.

Wir wenden uns von der Bushaltestelle in **Platz (1)** ganz kurz talauswärts und gehen Richtung Kaltenbrunn hinauf zur Kapelle von **Nufels (2)**. Über den Gallruttbach und am Poschenhof vorbei folgen wir der schmalen Straße durch Mischwald sanft bergan. Nach dem Besuch der Wallfahrtskirche in **Kaltenbrunn (3)**, 1260 m, spazieren wir kurz zurück zu einer Gabelung und nehmen das Bergsträßchen Richtung Wiesenhof-Jausenstation. In der vierten Kehre zweigt der Forstweg zur Gallruttalm ab, der nicht allzu lange währt. Auf dem wenig anstrengenden Steig geht's nun oberhalb des Bachtals durch den Klapfwald hinein ins Gallrutt. Der wuchtige Schweikert sieht von hier aus wie ein Hahnenkamm. Wir queren das Rifeloch, eine kleine Bachrinne, und mühen uns bald deutlich steiler über Lichtungen am Zanbach aufwärts. Kurz oberhalb ihres Zusammenflusses überschreiten wir den Äußeren und Inneren Zanbach und wandern nach dem Zaundurchgang über die Almweiden

Zwischen dem Peischlkopf und dem Nordwestgrat zum Brühkopf (vorn) versteckt sich die Gallruttalm.

hinauf zur sonnigen **Gallruttalm (4)** mit Einkehr. Ein ideales Plätzchen, um ein bisschen zu philosophieren.
Über uns baut sich der Peischlkopf auf, rechts der Grat zum Brehnkogel und im Talschluss die Dristkögel. Draußen überm Inntal ragen die Lechtaler Alpen empor. Der Alternativabstieg südlich des Gallruttbachs empfiehlt sich nicht mehr. Er ist teilweise abgerutscht und zudem etwas verwachsen.
Der Rückweg verläuft auf dem Anstiegsweg.

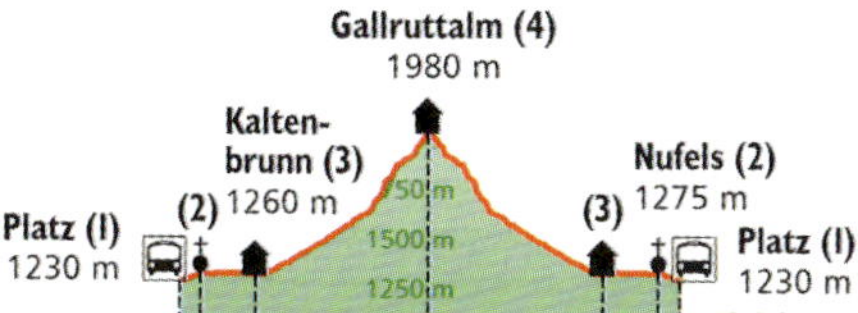

37 Hahntennehütte, 2120 m

4.30 Std.

Aussichtsbalkon zum Kaunergrat

Wer einen Überblick über die von hoch aufragenden Riesenkeilen geprägte Architektur des lang gestreckten Kaunergrates sowie über das Kaunertal selbst gewinnen möchte, der sollte den etwas anstrengenden Waldaufstieg auf den Hahntennen nicht scheuen. Die vortreffliche Balkonlage des Hüttenstandpunktes eignet sich bestens für eine erste Orientierung.

Talort: Kaunertal, 1287 m.
Ausgangspunkt: Grasse, an der Kaunertalstraße kurz nach Feichten, Bushaltestelle, 1310 m; Parkplatz.
Anforderungen: Ausreichend bezeichnete Pfade und Steige, anfangs Bergsträßchen. Überwiegend steiler Aufstieg.
Höhenunterschied: 810 m.

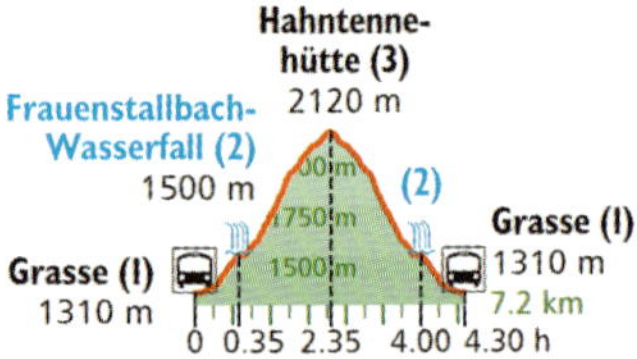

Von der Bushaltestelle geht's durch den Ort **Grasse (1)** hinauf und am letzten Haus auf einen hervorragenden Pfad, der Richtung Wasserfall zu einem auffallenden Wegkreuz leitet. Hier hat der betreffende Künstler beim Auftragen der Wunden Jesu so richtig nach Herzenslust aus dem vollen roten Farbtopf geschöpft. An der Gabelung kurz darauf den gewohnten Wegweiser beachtend, schleichen wir durch den dunklen Fichtenwald empor. Wo sich der Wald lichtet, hat man bereits einen schönen Blick auf den **Frauenstallbach-Wasserfall (2)**, 1500 m, der seinen Schleier in zwei Stufen über die schroffe Felsbarriere wirft.
In kraftsparenden Kehren setzt sich die romantische Route fort zur Verzweigung bei einer Ruhebank. Dort mündet ein anderer Weg aus dem Tal ein. Wir folgen dem rechten Pfad am Hang entlang und zweigen an der folgenden Gabelung auf den Steig Richtung Karlspitze ab. Dieser führt uns über die anhaltend steilen Waldhänge hinauf – ein herrlich einsames Steigen, das allerdings auch seinen Tribut fordert. Von der Baumgrenze folgt ein kurzer Erholungsabschnitt, der einen trockenen Graben und einen Bacheinschnitt quert. Über den mit Zwergstrauchvegetation bedeckten, kräftigen Schlussaufschwung

Der Frauenstallbach-Wasserfall unter den Gamsköpfen.

erreichen wir auf einem Absatz unter der Feichtener Karlspitze die **Hahntennehütte (3)**, eine kleine Jägerunterkunft.
Die Weideböden der ehemaligen Hahntennealpe sind heute aufgelassen. In beeindruckender Größe baut sich gegenüber die Felsbastion des Schweikerts auf. Ein weiterer Blickfang ist die weiter südlich dominierende Watzespitze, ein Dreieinhalbtausender mit Format. Nicht zuletzt die informativen Einblicke ins vielgestaltige Bergrevier des hinteren Kaunertals verlangen nach einer ausgedehnten Rast.
Der Rückweg folgt dem Aufstiegsweg.

38 Mittagskopf, 2616 m

7.00 Std.

Bequemer Eckpfosten im Glockturmkamm

Bereits während des Aufstiegs begeistert dieser lohnende Aussichtsberg mit nahen Einblicken zu den wilden Gestalten des Kaunergrates. Der nördlichste Glockturmkamm-Gipfel ist ein Leckerbissen für ausdauernde Bergwanderer, die leichte Wege vorziehen.

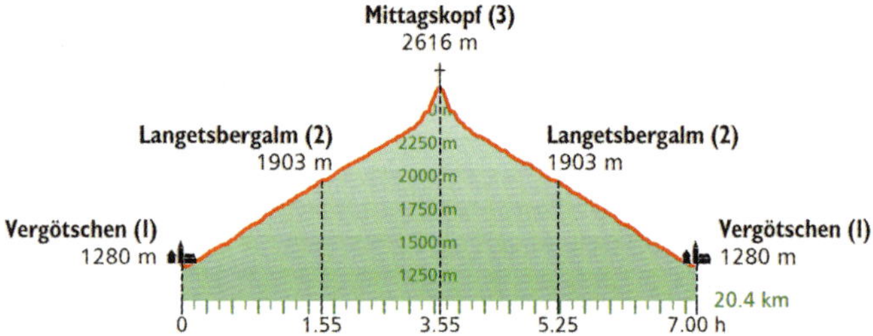

Talort: Kaunertal, 1287 m.
Ausgangspunkt: Vergötschen, an der Kaunertalstraße, Bushaltestelle bei der Kapelle, 1280 m; Parken beim Spielplatz.

Anforderungen: Gut bezeichnete Forstwege, zuletzt steiler Gipfelsteig.
Höhenunterschied: 1340 m.
Einkehr: Vergötschen.

Von der Kapelle bei der Bushaltestelle von **Vergötschen (1)** folgen wir dem Sträßchen über die Faggebrücke und wandern auf dem Forstweg, immer der Hauptroute treu bleibend, in weit geschwungenen Serpentinen durch den im oberen Bereich mit Lärchen gemischten Vergötschner Wald zur **Langetsbergalm (2)**, 1903 m. Die knapp an der Baumgrenze gelegene Jagdhütte mit dem hübschen Talblick ist für sich schon ein empfehlenswer-

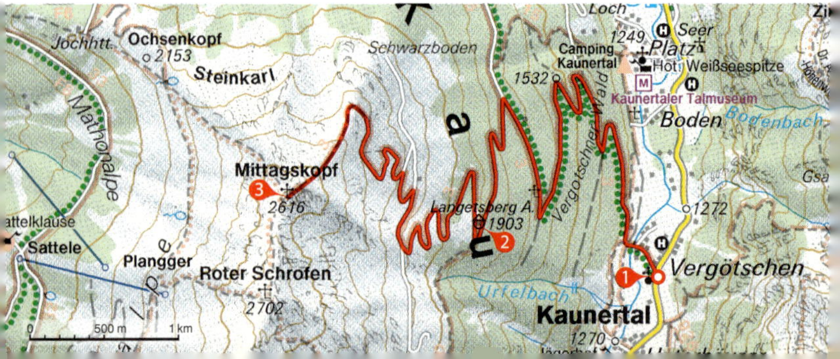

Roter Schrofen und Mittagskopf, die beiden ersten Erhebungen im Glockturmkamm.

tes Wanderziel. Das kleine Weidegebiet wird heute nicht mehr mit Vieh bestoßen; jenseits des Tales erheben sich protzige, teilweise finster dreinblickende Felsregenten – eine Welt der Gegensätze.

In Windungen über die mit Zwergsträuchern gekleideten Berghänge emporsteigend, gewinnen wir weiterhin rasch an Höhe, ohne uns dabei verausgaben zu müssen. Gleich nach einer Steinschlagzone (2250 m) zweigt von dem mittlerweile schlechten Fahrweg zwischen Lawinenverbauungen ein Steig ab. Dieser leitet uns über den später steilen und blockigen Nordostrücken zum **Mittagskopf (3)** mit allerwinzigstem Gipfelkreuz.

Eifrig sucht das Auge nach bekannten Punkten in der Taltiefe, unersättlich ergötzt sich der Blick an dem Gewoge der Samnaunberge und dem formenschönen Gezacke der Lechtaler Alpen. Was für ein abwechslungsreiches Antlitz ringsum! Wer noch frischen Mutes ist, findet vielleicht an der Wegfortsetzung zum etwas höheren Roten Schrofen Gefallen.

Der Abstieg folgt der Aufstiegsroute.

TOP **39** **4.00 Std.**

Gsallalm, 1970 m

Hüttenziel mit Pfiff

Wer blauäugig glaubt, der markierte Aufstieg zur Gsallalm sei gerade recht als Verdauungsspaziergang, der wird sich nach dem Bewältigen der kühnen Himmelsleiter sicher nicht wieder so schnell leichtfertig zu einer Almwanderung äußern.

Talort: Kaunertal, 1287 m.
Ausgangspunkt: Unterhäuser, an der Kaunertalstraße, kurz vor Feichten, Bushaltestelle, 1285 m; Parkplatz vor dem Ortsanfang.
Anforderungen: Gut bezeichneter, durchwegs steiler sowie abschnittsweise felsiger Steig (Seilsicherungen). Nicht bei Nässe!
Höhenunterschied: 690 m.
Einkehr: Unterhäuser.

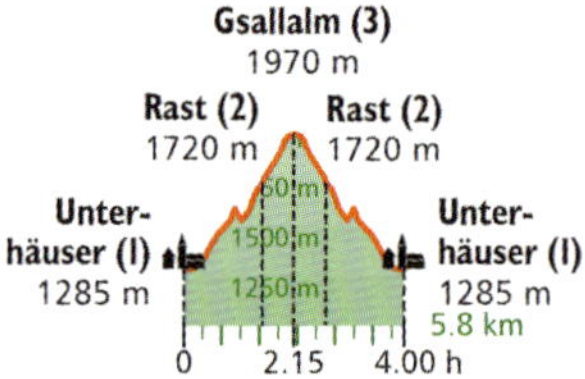

Von der Bushaltestelle von **Unterhäuser (1)** kurz die Straße talauswärts nehmend, finden wir rechts einen abzweigenden Fahrweg. Das Schild »Gsallalm« weist uns durchs Gatter. An dem markierten Felsen auf der Weide beginnt ein Ziehweg, der im Wald in einen mit »Rast–Gsall« bezeichneten Steig wechselt. Über Feichten ragen die rassigen Felsenhäupter des Glockturmkamms auf. In engen Kehren mühen wir uns bergan. Unter einer übermächtigen Felsbarriere glaubt man sich schon in einer Sackgasse. Doch es folgt ein vergnüglicher Quergang.

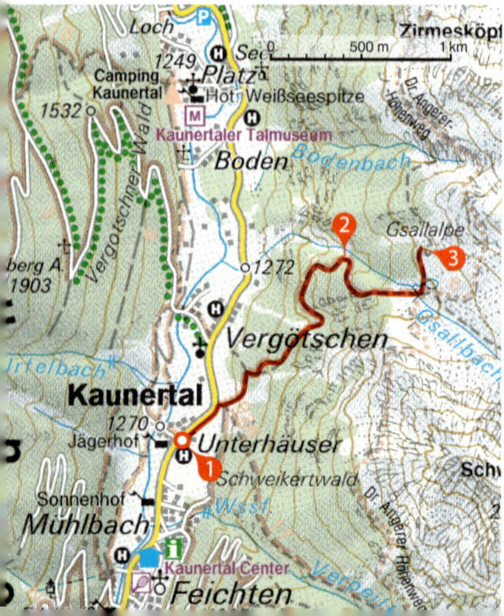

Wo unser Steig wieder anzieht, zeigt er zudem seine Zähne. Felsig und noch eine Kategorie schweißtreibender als zuvor, dafür aber auch noch eine Stufe reizvoller, schwingt er sich hinauf zu einem willkommenen Rasenabsatz, der sogenannten **Rast (2)**, 1720 m, über der Schlucht des Gsallbachs. Das Plätzchen verleitet zum Faulenzen und beschert einen freien Ausblick sowohl auf Platz und die Ölgrubenspitzen als auch auf Feichten. Unweit talauswärts schwingt sich die kühne Felsenkante der Durriwand in die Höhe. Weiter geht's über Mischwaldhänge. Besonders kräftige Auf-

Hinter der Gsallalm bildet der Grat zum Gsallkopf einen hochalpinen Talschluss.

schwünge sind mit Sicherungsseilen entschärft. Manche Felsstufen verlangen regelrecht gymnastische Anstrengungen. Die Route gibt bis zuletzt ein schönes, konstantes Muskeltraining ab. An der Waldgrenze überschreiten wir auf einem Holzsteg den Bach zur winzigen **Gsallalm (3)**, einer alten Schäferhütte. Nur ein paar Zirben haben sich noch höhere Standpunkte ausgesucht. Es ist ein herrlich befreiendes Gefühl, nach dem langen Waldaufstieg auf die ehemals beweideten Almböden hinauszutreten und die einsame Hochgebirgsszenerie bestaunen zu können. Über den Kaunerberger Streusiedlungen grüßen uns die Lechtaler Alpen. Direkt im Süden steht das Felsdreieck des Schweikerts, daneben der schneidige Zacken des Hochrinneggs und ganz hinten die rassige Pyramide des Gsallkopfs. Der Abstieg folgt der Aufstiegsroute.

TOP **40**

Schweikert, 2879 m

8.15 Std.

Abweisende Felsbastion für Schwindelfreie

Der bullige Schweikert stellt nicht nur Anforderungen an die bergsteigerische Erfahrung und Kondition. Dieser allseits in jähen Wandfluchten und Schrofenflanken abstürzende Geselle birgt zudem eine nicht zu unterschätzende objektive Gefahr: den Steinschlag! Dennoch haben sich geschickte Bergsteiger entschlossen, den Unnahbaren mit einer markierten Route für geübte Bewerber zugänglich zu machen.

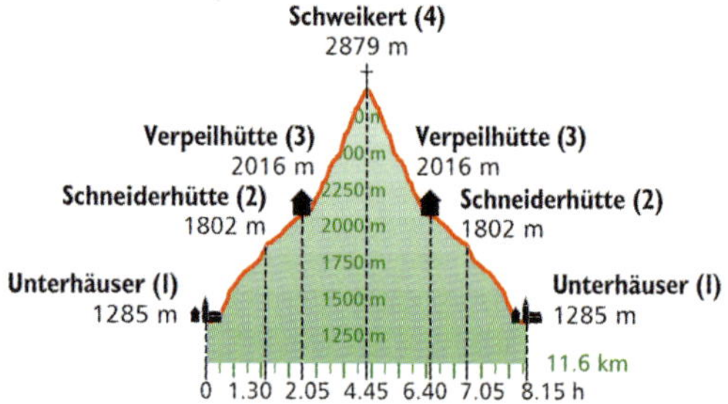

Talort: Kaunertal, 1287 m.
Ausgangspunkt: Unterhäuser, an der Kaunertalstraße kurz vor Feichten, Bushaltestelle, 1285 m; Parkplatz vor dem Ortsanfang.
Anforderungen: Gut bezeichnete Steige und Pfade. Überwiegend steile Anstiege. Ausgesetzte Schrofenpassagen mit leichter Kletterei (Schwierigkeitsgrad I), eine Sicherungskette. Nur für Trittsichere und Schwindelfreie, nicht bei Nässe, Schneeauflage oder unsicherem Wetter!
Höhenunterschied: 1600 m.
Einkehr: Unterhäuser, Verpeilhütte.

Der wuchtige Schweikert, anspruchsvoller Felsgeselle über der Verpeilhütte.

Von der Bushaltestelle in **Unterhäuser (1)** kurz die Straße talauswärts nehmend, finden wir rechts einen abzweigenden Fahrweg. Am Weidegatter lenkt uns das Schild »Verpeilhütte« auf einen Steig. Durch den steilen, mit Lärchen durchsetzten Fichtenwald geht's gleich ordentlich zur Sache. Nach dem Queren einiger Rinnen wandern wir unter der überdimensionalen Felsenschlucht des Schweikerts vorbei und kommen nach einem Zaunüberstieg zur privaten **Schneiderhütte (2)**, 1802 m. Ein Pfad leitet uns nun über ein Weidegebiet und durch hübschen Lärchenwald mit Zirben taleinwärts, zuletzt den Bach querend, zur **Verpeilhütte (3)**, 2016 m. Rechts des markanten Schwabenkopfs der breit gelagerte Madatschkopf, dazwischen der Verpeilturm und die Madatschtürme – ein großartiger Talschluss! Über der Kapellentüre bekommen wir noch guten Zuspruch: »Sorge dich nicht – lebe«.
Am Bachsteg weist ein Schild zum Beginn unseres Steiges. Vom Waldrand folgt ein knackiger Direktanstieg über den sonnigen Wacholderhang. Der Glockturmkamm verlangt nach Schaupausen. Vor einer Kieferngruppe quert die Route eine Doppelrinne und schwingt sich über einen sehr steilen, aber gut gestuften, schrofigen Sporn empor. Nach dem abermaligen Queren einer Geröllrinne begeben wir uns direkt unter den Felsaufbau des Gipfelmassivs. Eine ausgesetzte Schrofenflanke fordert teils leichte, anregende Kletterei (I) sowie absolute Trittsicherheit. DieTiefe muss man hier ertragen!
Nach einer Sicherungskette wechseln wir ein weiteres Rinnenpaar und streben über das Schuttdach dem Gipfelkreuz zu. Der grandiose Tiefblick vom **Schweikert (4)** bleibt für immer unvergesslich.
Der Abstieg erfolgt auf dem Anstiegsweg.

41

Madatschkopf, 2778 m

7.30 Std.

Beschauliche Gipfeltour aus dem Verpeiltal

Der Madatschkopf, ein großer Gipfel für jedermann, ist das freundliche Gegenstück zum anspruchsvollen Schweikert. Neben dem vorzüglichen Tiefblick geben die charaktervollen, unmittelbar aufschießenden Majestäten des vorderen Kaunergrates eine hochalpine Augenweide ab.

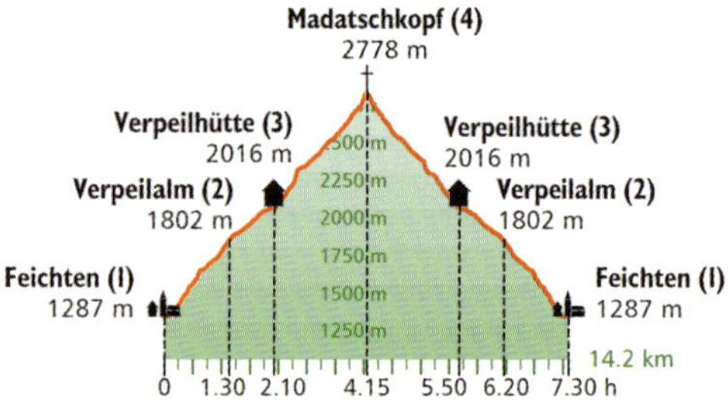

Talort: Kaunertal, 1287 m.
Ausgangspunkt: Feichten, der Hauptort der Gemeinde an der Kaunertalstraße, Bushaltestelle bei der Kirche, 1287 m; Parkplatz.

Anforderungen: Gut bezeichnete Almwege und Steige. Schlussaufstieg steil.
Höhenunterschied: 1490 m.
Einkehr: Feichten, Verpeilhütte.

Wir spazieren von der Kirche in **Feichten (1)** taleinwärts zum Ortsende beim Hotel Feichtner Hof. Dort folgen wir dem an einer alten Wiesenmauer bergan leitenden Pfad Richtung Verpeilhütte. Nach dem zweiten Zaundurchgang mündet der Anstieg in einen Almweg. Wenig später weist uns das bekannte Schild auf einen Steig, der kraftsparend über den steilen, felsdurchsetzten Waldhang emporleitet.

Während des Aufstiegs zum Madatschkopf zeigt sich jenseits des Verpeiltals das Hochrinnegg.

Während wir nach einer Almwegquerung sanft bergan wandern, starrt uns das wuchtige Felstrapez des Schweikerts an. Lärchen bereichern zunehmend den Wald. Nun leitet der Almweg hinauf zur **Verpeilalm (2)**, 1802 m, und über ein Weidegebiet ins Verpeiltal hinein. Rechts der Felszahn des Schwabenkopfs. Bei der **Verpeilhütte (3)**, 2016 m, der Alpenvereinsunterkunft der Sektion Frankfurt mit Kapelle, endet der Almweg.

Ein Holzsteg trägt uns Richtung Madatschkopf über ein Bächlein. Wir verlassen auf einem Steig zwischen den letzten Zirben und Lärchen hindurch den weltabgeschiedenen, wildromantischen Talschluss und steigen in kurzem Zickzack bergan. Es öffnen sich begeisternde Ausblicke auf die kecken Madatschtürme und die Watzespitze dahinter. Weiter geht's westlich des schuttigen Kühgrübls über den mit Zwergsträuchern bewachsenen und vom Jungvieh bevölkerten Seitenmoränenrücken des einstigen Gletschers und von der Wegteilung am Ende dieses Rückens in Kehren zu einer Grasschulter. An der Gabelung wenden wir uns links. Weite Serpentinen überwinden schließlich die schuttige, etwas anstrengende Gipfelflanke zum Kreuz auf dem **Madatschkopf (4)**.

Der Abstieg folgt der Aufstiegsroute.

42 *Fissladalm, 1988 m*

2.30 Std.

Steilster Ziehweg der Alpen?

Die Gemeinde Kaunertal könnte ruhigen Gewissens an einem Wettbewerb der steilsten Ziehwege der Alpen teilnehmen. Bestimmt würde die Route zur Fissladalm einen der ersten Plätze belegen. Der mutige Almbauer, der hier sein Fahrzeug auf und ab manövriert, muss wohl zum gewöhnlichen Führerschein noch eine Zusatzprüfung als Stuntman abgelegt haben.

Talort: Kaunertal, 1287 m.
Ausgangspunkt: Seewiesen, Bushaltestelle an der Kaunertalstraße, 6 km nach Feichten, 1510 m; Parkmöglichkeit.
Anforderungen: Gut bezeichneter Steig und Almweg. Überwiegend steil.
Höhenunterschied: 480 m.

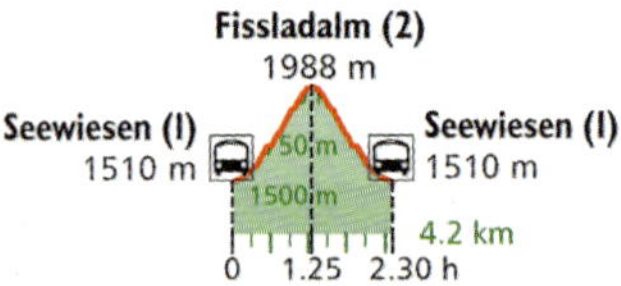

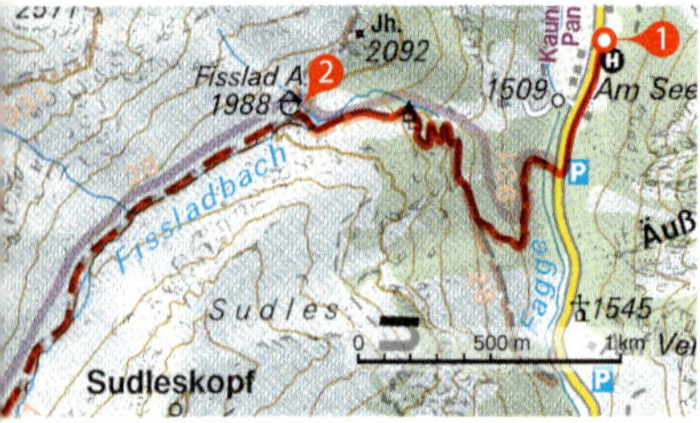

Variante: Wanderer, die der Steilaufstieg zu wenig gestresst hat, können von der Fissladalm auf gemütlichem Steig noch ein Stück dem Bachlauf folgen. Die Route mündet unterm Glockhaus in den Aachener Höhenweg, der den Glockturmkamm hinüber zur Anton-Renk-Hütte überquert.

Von der Bushaltestelle bei den Heuhütten der **Seewiesen (1)** kurz auf der Straße taleinwärts haltend, finden wir bei einem kleinen Parkplatz den Wegweiser zur Fissladalm. Die bewaldeten Felsköpfe über uns machen auf Respekt einflößende Art die Steilheit unseres Aufstiegs deutlich. Nach dem Holzbrücklein verläuft der Steig erst überraschend gemütlich durch einen mit bemoosten Felskloben übersäten, kranken Fichtenwald. Wo sich Birken, Lärchen und Zirben hinzugesellen, klettert die Route knackig bergan.
Weiter oben mündet unser Kurs in einen Ziehweg, der sich bald in kühnen Windungen an der Schlucht des Fissladbachs entlang über die Bergflanke emporschwindelt – eine erstaunliche Wegführung. Über ein Bachbrücklein erreichen wir an der Waldgrenze die **Fissladalm (2)**. Etwas oberhalb der beiden Hütten gewinnt man schöne Einblicke ins stille Fissladtal. Jenseits des Kaunertals imponiert der Doppelgipfel der Watzespitze mit ihrem Gletscherchen, taleinwärts erhebt sich der Löcherkogel. Der Rückweg folgt der Aufstiegsroute.

Die letzten kraftvollen Herbstfarben im hinteren Kaunertal.

43 Watzeschlucht, 1820 m

2.00 Std.

Reizvoller Schleichwegkurs im hinteren Kaunertal

Dieser individuelle Tourenvorschlag am Fuße des Watzekopfs soll niemanden dazu verleiten, sich in steinschlaggefährdetes Gelände zu begeben. Deshalb sei gleich zu Beginn darauf hingewiesen, dass der angelegte Steig ab dem Schluchttiefblick durch einen Bergrutsch teilweise zerstört wurde. Die Seilsicherungen sind abgebaut, der Steinschlag lauert. Bis zum noch bestehenden Drahtseil jedoch ist die sehr amüsante Route bei entsprechender Achtsamkeit gefahrlos zu begehen.

Talort: Kaunertal, 1287 m.
Ausgangspunkt: Seewiesen, Bushaltestelle an der Kaunertalstraße, 6 km nach Feichten, 1510 m; Parkmöglichkeit.

Anforderungen: Unbezeichnete Route, anfangs bequemer Pfad, im oberen Teil steiler Steig. Bei Nässe nicht ratsam.
Höhenunterschied: 310 m.

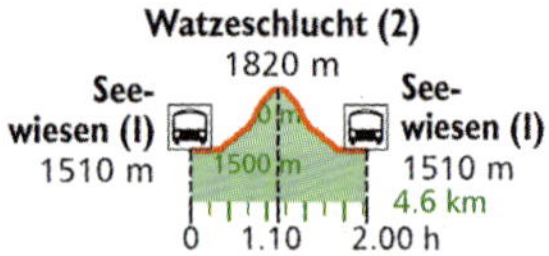

Von der Bushaltestelle bei den Heuhütten der **Seewiesen (1)** zuerst kurz auf der Straße talauswärts. Auf der Kuppe zweigt rechts ein unbezeichneter Fahrweg ab. Dieser teilt sich gleich darauf in drei Arme, von denen wir den mittleren wählen. Beim Wegende wird die Route vor der versteckten Wildfütterung zum unmarkierten Pfad. In einer der ersten durch den Wald bergan leitenden Kehren lädt eine natürliche Steinbank unter einer fetten Fichtenwurzel zur Rast. Der Schleichweg mit angenehmer Steigung leitet uns über den felsdurchsetzten Berghang empor. Im weiteren Verlauf geht's an einer bescheidenen Bachrinne entlang. Wo der steilere, enge Zickzacksteig ansetzt, lenkt der kühne Felsgipfel der Kuppkarlesspitze den Blick auf sich. Nach der Querung der Inneren Watzerinne folgt ein ganz kurzer Abstieg.

Der Wald wird auf der weiterhin unterhaltsamen Route lichter. Von einer kleinen Drahtseilpassage aus schauen wir plötzlich in den Rachen der **Watzeschlucht (2)**. Der von den Gletschern überm Watzekar gespeiste Sturzbach rauscht durch diese wilde Felsenge. Hier endet der gefahrlos begehbare Weg. Ein ungewöhnliches, kaum besuchtes Wanderziel mit eigenartiger Ausstrahlung. Auch der Taltiefblick kann sich sehen lassen. Drüben öffnet sich das Fissladtal mit seinen eleganten Felsgestalten.

Abstieg wie Aufstieg.

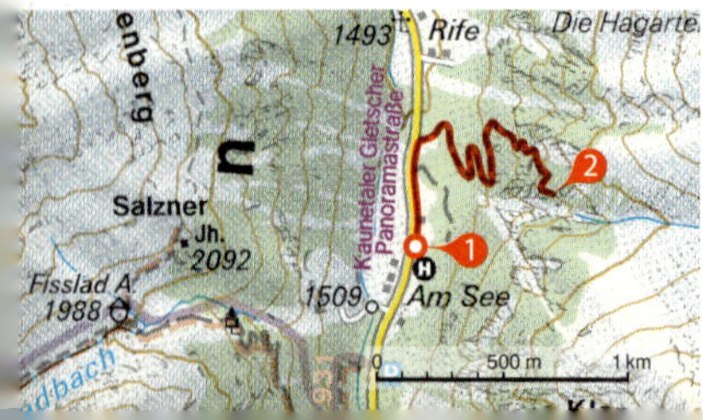

Beim Aufstieg zur Watzeschlucht bannt die kühne Kuppkarlesspitze den Blick.

44 Nassereiner Alm, 2041 m

3.50 Std.

Höhenwanderung über dem Gepatsch-Stausee

Der erste Teil unserer Runde bietet Bergwandern in seiner bequemsten Form. Die vergnügliche Uferbummelei führt am 6 km langen Staugewässer entlang, das von den Gletschern der Ötztaler Alpen gespeist wird. Der Rückweg kann als vorzügliche Panoramaroute bezeichnet werden. Er gewährt hübsche Seetiefblicke und eine prächtige Ausschau zu den südlichsten Spitzen im rassigen Kaunergrat.

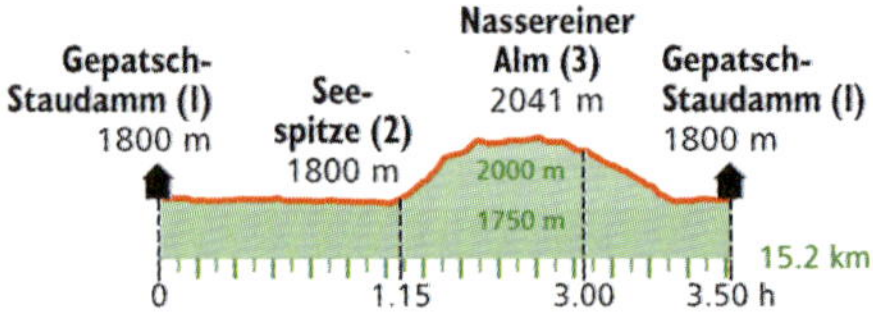

Talort: Kaunertal, 1287 m.
Ausgangspunkt: Gepatsch-Stausee an der Kaunertaler Gletscherstraße, Bushaltestelle am Staudamm, 1800 m; Parkplatz.
Anforderungen: Oft bezeichnete Steige, Almwege und schlechter Ziehweg, anfangs für öffentlichen Verkehr gesperrtes Sträßchen. Mäßig steile Anstiege.
Höhenunterschied: 300 m.
Einkehr: Am Ausgangspunkt.

Der Gepatschbach speist den gleichnamigen Stausee.

Unser Seespaziergang folgt dem nur während der Wintermonate für den öffentlichen Verkehr zugelassenen Sträßchen über den **Staudamm (1)** und entlang der stets von Nadelwald gesäumten Westseite des Sees. Die reine Erholung. Nach dem Bogen um einen mächtigen Lawinenschuttkegel, die Breitlahn, erreichen wir die **Seespitze (2)**. Noch vor der Gepatschbachbrücke nehmen wir den alten Ziehweg bergauf durch das Zirbenwäldchen und schwenken am Wegkreuz auf den mit »Nassereiner Alm« bezeichneten Pfad ab. Dieser quert ein Weidegebiet und wechselt an der Gabelung, wo man Ausblicke zu einer der oberen Gepatsch-Gletscherzungen genießt, in einen Steig. Entlang der schrofigen Grasflanke mit einzelnen Waldstreifen geht's nur mäßig steil bergan. Die Steilrinne (2100 m) von der Plangerossspitze querend verläuft der Höhenweg sogar eine ganze Weile völlig flach. Zwischendurch schweift das Auge immer wieder über den schimmernden Seespiegel. Nach der Brücke über den Bach aus dem Kaiserbergtal schlendern wir auf dem Almweg kurz hinunter zur **Nassereiner Alm (3)**.

Der Rückweg ist denkbar einfach. Man muss dem Almweg weiter talwärts folgen und stößt dann automatisch wieder auf das Ufersträßchen, das einen zurück zum **Staudamm (1)** führt.

45 »Namenloser Berg«, 3044 m

3.00 Std.

»Schneller« Dreitausender mit Südtirolblick

In dem an Wanderbergen armen Glockturmkamm lockt aus dem Weißseejoch, dem Hauptübergang vom Kaunertal ins Südtiroler Langtauferertal, einer der leichtesten Dreitausender der Ötztaler Alpen: der Punkt 3044. Das Grenzgipfelchen war den Orografen keinen Namen wert; ich finde, »Weißseekopf« passt gut.

Talort: Kaunertal, 1287 m.
Ausgangspunkt: Weißsee, Bushaltestelle an der Kaunertaler Gletscherstraße, 2465 m; Parkplatz.
Anforderungen: Ausreichend bezeichneter Steig, Gipfelaufstieg auf unmarkierten Steigspuren, bis auf diesen letzten Abschnitt nur mäßig steiler Anstieg. Nicht bei unsicherem Wetter oder Nebel!
Höhenunterschied: 580 m.

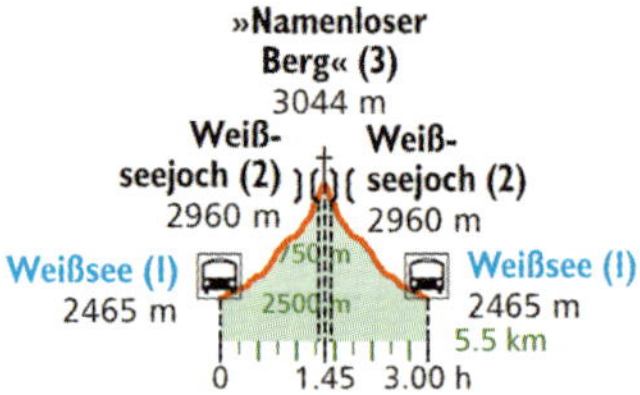

Wir nehmen vom **Weißsee (1)** kurz mit der Gletscherstraße vorlieb, bergan zur Kehre 4. Dort zweigt der Steig Richtung Weißseejoch ab. Über Schrofenhänge und unter einem lang gezogenen Felsrücken am Rande einer Gletschermoräne steigen wir hinauf zum Seelein unterhalb der ehemaligen Zollwachthütte. Links über uns ragt der breite Wiesjagglskopf mit seinem zu einem Firnfeld geschrumpften Restgletscher auf. Nördlich des Weißseejochs erkennt man den »Namenlosen Berg«. In meist angenehmer Steigung erreichen wir an der Grenze zu Italien das eng eingeschnittene **Weißseejoch (2)**, 2960 m.
Steigspuren führen uns nun zwar einigermaßen steil, aber ohne jegliche Probleme über den schuttbedeckten Südostrücken empor zum kreuzlosen, aber durchaus eigenständigen und geräumigen **»Namenlosen Berg« (3)**.
Die öden Schuttkare auf der Südtiroler Seite zeigen sich völlig aper, während die Kaunertaler Seite verdeutlicht, dass wir uns im gletscherreichsten Gebirge Tirols befinden. Gipfel mit Rang und Namen gestalten die Runde: im Nordwesten der Felszahn des Glockturms, im Osten die Ölgrubenspitzen, die Hochvernagtspitze und der Fluchtkogel, in unmittelbarer Nähe die Eiskappe der Weißseespitze und dahinter die Weißkugel. Der Abstieg folgt dem Anstiegsweg.

Überm Weißsee erhebt sich der Wiesjagglskopf, Nachbargipfel des »Namenlosen Berges«.

TOP

46 Glockturm, 3353 m

7.00 Std.

Vornehmes Gipfelziel für erfahrene Bergwanderer

Dank der Gletscherstraße ist der von Westen schlanke Glockturm auf einem recht kurzen Zustieg zu erreichen. Bei aller Euphorie, sich eines der markantesten gletscherfreien Bergziele der Ötztaler Alpen vorzunehmen, sollte man zuvor die eigenen Fähigkeiten einer Gewissensprüfung und die Ausrüstung einer Kontrolle unterziehen. Der Gipfelaufstieg verlangt Erfahrung in Fels und Firn, Spürsinn für die geeignete Route und natürlich optimale Bedingungen. Nach einem Wettersturz besteht Vereisungsgefahr. Das erste Gipfelbuch wurde, nebenbei bemerkt, durch einen Blitzschlag ein Opfer des Feuers.

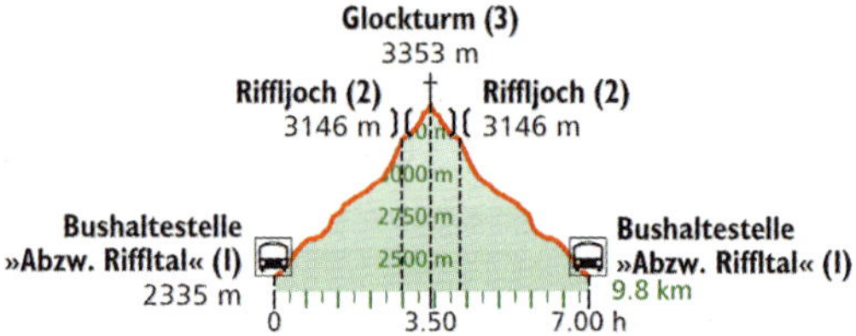

Talort: Kaunertal, 1287 m.
Ausgangspunkt: Bushaltestelle »Abzw. Riffltal« an der Kaunertaler Gletscherstraße, bei der Einmündung des Rifflbachs, 2335 m; Parkplatz.
Anforderungen: Gut bezeichneter Steig, zuletzt unmarkierte Steigspuren, Firn und Fels. Mehrere, zum Teil längere Steilaufstiege. Der Gipfelzugang erfordert große Achtsamkeit, Trittsicherheit und Orientierungssinn. Eventuell Leichtsteigeisen notwendig. Nur für Geübte und bei absolut verlässlichem Wetter, nach Neuschnee erhöhte Vorsicht, bei Vereisung oder Nebel Umkehr!
Höhenunterschied: 1020 m.

Imponierend zeigt sich der Glockturm mit dem Rifflferner.

An der **Bushaltestelle »Abzw. Riffltal« (1)** zeigt der Wegweiser auf den Steig zum Glockturm. An der Verzweigung kurz darauf wählen wir die Route über das mit Felsblöcken übersäte Weidegebiet ins Riffltal. Es ist der Zentralalpenweg 02.

Nach dem Aufschwung scheinen die gletschergepanzerte Weißseespitze und der obere Gepatschferner zum Greifen nah. Jenseits des Tales stehen die Bergspitzen ums Ölgrubenjoch Parade. Zunehmend gemütlicher hinein ins Riffltal steigert der erste Glockturmblick die Spannung. Vom kleinen Rifflkar, wo sich der gleichnamige Bach durch Wollgraswiesen schlängelt, steigen wir am Rande eines Moränenstroms den schrofendurchsetzten Grashang des Gufels empor. Über die Blockmeere oberhalb zweier Seelein zieht sich die gut bezeichnete und relativ leicht begehbare, da etwas präparierte Route flach unter die Rifflkarspitze hin. Nach einem spürbaren Anstieg über den schuttigen Hang erreichen wir das **Riffljoch (2)**, 3146 m, jenseits ist der Hüttekarferner zu sehen.

Achtsam mühen wir uns über ein Köpfl und queren, teils auf Steigspuren, teils über Firnfelder, zwei Zwischenerhebungen (die erste ganz unten, die zweite weit oben) zum Ansatz der sehr steilen Nordostflanke. Die letzten Meter zum Gipfel sind mit ganz leichter Blockletterei gewürzt, wohlgemerkt: bei guten Verhältnissen. Der überwältigende Rundblick vom **Glockturm (3)** lässt keine Wünsche offen.

Der Abstieg folgt der Aufstiegsroute.

47 Bligghütte, 2144 m

2.40 Std.

Auf dem Alten Offenbacher Höhenweg

Das Bligghüttchen hoch über dem fjordartigen Gepatsch-Stausee steht auf einer Aussichtsbühne vom Feinsten. Für den im Herbst 1995 erfolgten Ausbau des zuvor abschüssigen und nicht ganz ungefährlichen Steiges muss man den geschickten Männern der Gemeinde Kaunertal ein großes Lob aussprechen.

Talort: Kaunertal, 1287 m.
Ausgangspunkt: Bushaltestelle Gepatschhaus, an der Kaunertaler Gletscherstraße, 1910 m; Parkplatz.
Anforderungen: Gut bezeichneter Steig, zuletzt kurzer wegloser Abschnitt. Zwei steile Aufschwünge. Trittsicherheit erforderlich. Bei Nässe nicht empfehlenswert.
Höhenunterschied: 330 m.
Einkehr: Gepatschhaus.

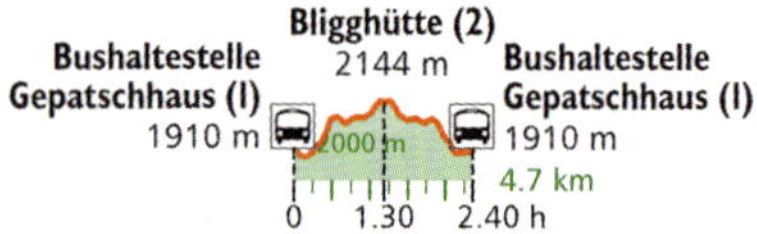

Von der **Bushaltestelle (1)** bei der Abzweigung zum Gepatschhaus gehen wir eine Straßenkehre zurück Richtung See und halten Ausschau nach dem Täfelchen »Wurmtal«. Dort beginnt der Alte Offenbacher Höhenweg, ein Steig, der sich in vielen kraftsparenden Kehren über den sehr sonnigen, mit Zwergsträuchern bewachsenen Hang hinaufwindet. Unten in der Klammenge macht der rauschende Gepatschbach mit einem kleinen Wasserfall auf sich aufmerksam. Im weiteren Verlauf geht's mit hübschem Tiefblick auf den Gepatschsee durch eine Buschzone und lichte Zirbenbestände.

Der hervorragend instand gesetzte Weg klettert nach Queren einer Bachrinne einen gut gestuften, aber schweißtreibenden Steilaufschwung empor. Anschließend wird der Kraftakt zu einem begeisternden Wandern hoch über dem grünen Seespiegel. Wir kommen an einem Mini-Wasserfall vorbei. Unter dem Felsengarten der Klamm folgt eine kleine, anregende Drahtseileinlage.

Durch einen artenreichen Bergwald klettert die Route empor zur Bligghütte.

Während des kurzen Aufstiegs von der Baumgrenze zeigt sich schon unser Hüttenziel.
Wir folgen den Markierungen noch über den Bliggbach und erreichen nach ein paar weglosen Abstiegsmetern über den Grashang in einem aufgelassenen Weidegebiet unter der Bliggspitze die **Bligghütte (2)**. Der Weg führt weiter übers Wurmtaler Joch ins Pitztal. An dem kleinen Privathüttchen erwartet uns eine Traumaussicht. Direkt gegenüber schnellt die begrünte Pyramide der Plangerossspitze in die Höhe, im Süden der gleißende Dom der Weißseespitze – ein Plätzchen, das man sich merken muss!
Der Rückweg zur **Bushaltestelle (1)** erfolgt auf dem Hinweg.

48 Gepatschferner, 2460 m

3.15 Std.

Zur Eiswüste unterm Fluchtkogel

Der 17 Quadratkilometer große Gepatschferner besitzt mit 8 Kilometer Länge die längste Gletscherzunge der Ostalpen. Auf dem Weg zur Rauhekopfhütte gelangt man direkt an den Rand des ungeheuren Eisstroms. Wer einen Weiterweg ins Auge fasst, sollte sich einem autorisierten Bergführer anschließen.

Talort: Kaunertal, 1287 m.
Ausgangspunkt: Bushaltestelle vor der Gepatschbachbrücke, an der Kaunertaler Gletscherstraße, 1940 m; Parkplatz.

Anforderungen: Ausreichend bezeichneter Steig. Ein Steilaufschwung. Gletscher nicht betreten (Spaltengefahr!).
Höhenunterschied: 600 m.

Der Gepatschferner mit dem Fluchtkogel.

Von der **Bushaltestelle (1)** wandern wir über den Schiltibach und in wenigen Kehren bergauf zur Baumgrenze. Anschließend halten wir entlang den von Runsen durchzogenen und Respekt einflößenden Grassteilhängen unterm Wannetkopf mäßig ansteigend auf den majestätischen Fluchtkogel zu. Unter uns die markante Seitenmoräne und der wüste Talschlund. Über sanftere Grasböden geht's zur Öffnung des Wannetkars unter der mächtigen Hinteren Ölgrubenspitze. Jenseits des Eisstroms steht auf dem Absatz des Kleinen Rauhen Kopfs die Rauhekopfhütte.

Nach kurzem Abstieg über den Moränenwall (2500 m) stehen wir am Rande des **Gepatschferners (2)**. Der Weiterweg zur Hütte und zum Brandenburger Haus quert die Spaltenzone zwischen der zerfurchten Biegung und dem beeindruckenden Bruch wenig oberhalb. Wir wollen uns mit dem Blickkontakt mit dem wilden und in der Regel schäbig grauen Monstrums zufriedengeben und ein Weilchen die ernste, etwas schauerliche Hochgebirgsszenerie genießen. Mit ein bisschen Glück kann man einer Seilschaft beim Überschreiten des Gletschers zusehen. Der Rückweg folgt dem Anstiegsweg.

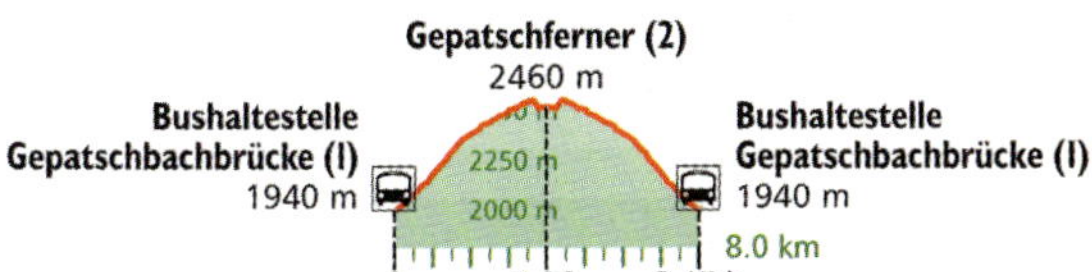

49 Weißsee, 2465 m

4.30 Std.

Leuchtendes Bergauge in einer vergewaltigten Urlandschaft

Trotz der vorbeiführenden Gletscherstraße und der etwas fragwürdigen Liftanlage gibt der auf aussichtsreicher Route durch eine wilde Hochgebirgslandschaft erreichbare Weißsee ein reizvolles Wanderziel ab.

Talort: Kaunertal, 1287 m.
Ausgangspunkt: Bushaltestelle Gepatschhaus, an der Kaunertaler Gletscherstraße, 1910 m; Parkplatz.

Anforderungen: Ausreichend bezeichnete Ziehwege und Steige. Mäßig steil.
Höhenunterschied: 560 m.
Einkehr: Gepatschhaus.

Von der **Bushaltestelle (1)** bei der Abzweigung zum Gepatschhaus gehen wir ein kurzes Stück auf der Straße taleinwärts und folgen dem Fahrweg über die Gepatschbachbrücke zur **Gepatschalm (2)**, 1905 m. Der Ziehweg über das Weidegebiet ist mit »Aachener Höhenweg« bezeichnet. Am Wegkreuz lenkt uns die Beschilderung »Nassereiner Alm« auf einen Pfad. An der Gabelung kurz darauf wählen wir den alten Ziehweg, der zum Seeles-See führt. Vielleicht möchte der eine oder andere diesem versteckten Berggewässer am Rückweg noch einen Besuch abstatten. Man steigt mit schönen Ausblicken zum Gepatsch-Stausee durch den lichten Nadelwald hinauf, hält sich dann an einer Verzweigung links und erreicht zuletzt auf einem Steig die **Obere Birgalm (3)**, 2183 m. Über dem beeindruckenden Gepatschferner zeigt sich der stolze Fluchtkogel. Nach der Querung der Kaunertaler Gletscherstraße dirigiert uns das Schild »Gletschertor« zur Holzbrücke über den Rifflbach. Auf der Anhöhe gabelt sich die Route. Wir beachten rechts die roten Markierungspfosten und wandern auf dem Steiglein mit Rückblicken zur do-

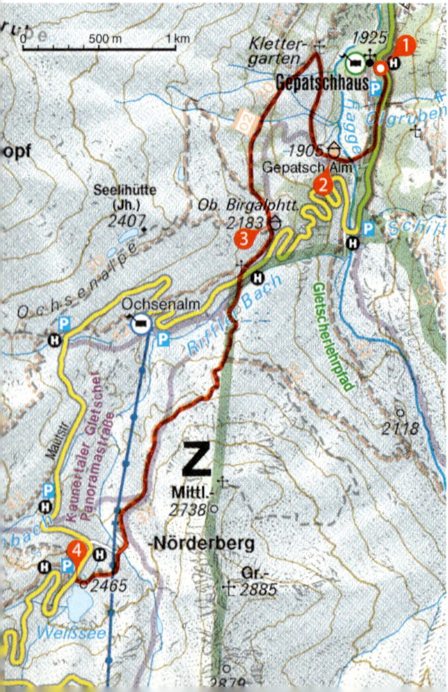

Von der Route zum Weißsee aus bietet sich ein guter Blick auf die Ölgrubenspitzen.

minierenden Vorderen Ölgrubenspitze bergan über die eigenwillige, grasbewachsene Felskuppenlandschaft des Vorderen Nörderbergs. Später schlendern wir über flacheres Gelände an einem Liftgebäude vorbei und treffen, zum Schluss eine Skiabfahrt querend, am **Weißsee (4)** ein.
Direkt über uns spitzelt das Gipfelkreuz der vergletscherten Nordflanke der Weißseespitze hinter der Felsbarriere hervor, die den See abriegelt. Im grün leuchtenden Hochgebirgssee spiegelt sich der Wiesjagglskopf mit seinem vorspringenden Horn. Zurück geht es auf dem Anstiegsweg. Wer will, kann von der Straße oberhalb des Sees auch mit dem Bus zurück zur Haltestelle beim Gepatschhaus fahren.

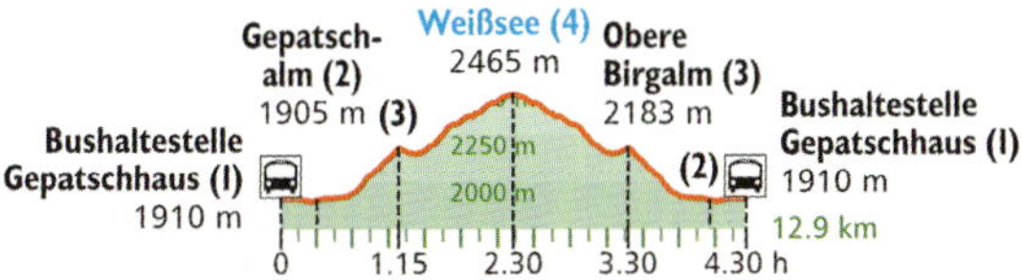

TOP **50**

Ölgrubenjoch, 3044 m

6.00 Std.

Blick ins Herz der Ötztaler Alpen

Wer gelegentlich mit dem Überschreiten der 3000-Meter-Grenze liebäugelt, bisher jedoch mit dem Entschluss gezögert hat, der darf sich getrost dem verhältnismäßig harmlosen, wenn auch etwas anstrengenden Aufstieg zum Ölgrubenjoch anvertrauen. Dieser schwingt sich nicht nur deutlich über die magische Höhenlinie empor, sondern fasziniert zudem mit grandiosen Ausblicken zu den Eisgipfeln der zentralen Ötztaler Alpen. Als Krönung fesselt uns überraschend nah die 3772 m hohe Wildspitze, der höchste Gipfel Tirols.

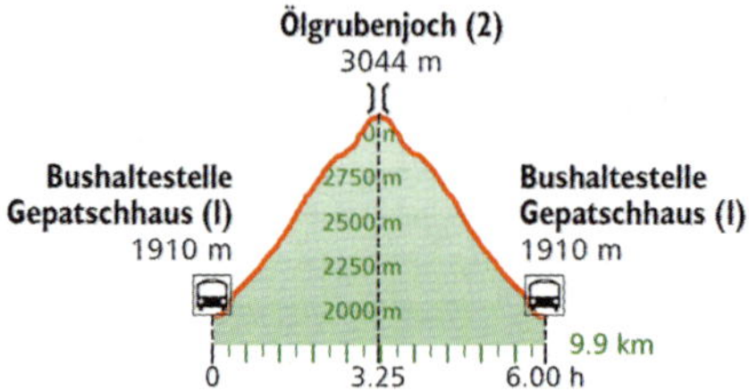

Talort: Kaunertal, 1287 m.
Ausgangspunkt: Bushaltestelle Gepatschhaus, an der Kaunertaler Gletscherstraße, 1910 m; Parkplatz.
Anforderungen: Ausreichend bezeichneter Steig mit steilen Abschnitten, teils Schutt- und Blockgelände. Nur bei zuverlässigem Wetter, nicht bei Nebel!
Höhenunterschied: 1130 m.
Einkehr: Gepatschhaus.

Die majestätische Wildspitze mit dem Taschachferner vom südlichen Kaunergrat aus.

Von der **Bushaltestelle (1)** bei der Abzweigung zum Gepatschhaus gehen wir ein ganz kurzes Stück auf der Straße taleinwärts und achten gleich nach dem Hüttchen auf den Wegweiser zum Ölgrubenjoch. Erst den Ölgrubenbach querend, steigen wir in ein paar Serpentinen den steilen Grashang empor zu einem Absatz. Zwischen der Vorderen und der Hinteren Ölgrubenspitze – beides recht elegante Erscheinungen – geht's über Grasböden sanft bergan zur mächtigen Moränenschuttzunge des stark zurückgegangenen Hinteren Ölgrubenferners. Der blendend weiße Firndom der Weißseespitze, Blickfang des hintersten Kaunertals, zwingt immer wieder zu einer Schaupause.
An der Seitenmoräne entlang mühen wir uns wieder anstrengender hinauf in die Innere Ölgrube. Nach einem kräftigen Aufschwung schwenkt die Route kurzzeitig nördlich ab. Über zunehmend schuttigeres Gelände wandern wir oberhalb eines Karseeleins vorbei und gelangen in einer Rechtsschleife durch eine Rinne und über Blockgelände zum **Ölgrubenjoch (2)** mit seiner hervorragenden Aussicht. Der Abstieg erfolgt auf dem Aufstiegsweg.
Alternativ wäre auch der Weg über das Taschachhaus und der anschließende Forststraßenhatscher hinaus nach Mittelberg möglich. In königlichem Format besticht über dem zerrissenen Sexegertenferner die strahlend weiße Wildspitze. Eines der ganz großen Traumziele für den nächsten Bergsommer!

Stichwortverzeichnis

Umschlagbild:
Blickfang im Talschluss des Verpeiltals:
der 3379 m hohe Schwabenkopf.

Bild im Innentitel:
Aussicht vom Großen Schafkopf zum Gipfelreich über
dem hintersten Kaunertal.

Alle 66 Fotos stammen vom Autor.

Kartografie:
50 Wanderkärtchen im Maßstab 1:50.000 / 1:75.000
Übersichtskarten im Maßstab 1:300.000 und 1:500.000

Die Ausarbeitung aller in diesem Führer beschriebenen Wanderungen erfolgte nach bestem Wissen und Gewissen des Autors. Die Benützung dieses Wanderführers geschieht auf eigenes Risiko. Soweit gesetzlich zulässig, wird eine Haftung für etwaige Unfälle und Schäden jeder Art aus keinem Rechtsgrund übernommen.

5., aktualisierte Auflage 2018

ISBN 978-3-7633-4027-9

Wir freuen uns über jeden Korrekturhinweis zu diesem Wanderführer!
Bitte per E-Mail an: leserzuschrift@rother.de

BERGVERLAG ROTHER · München
D-82041 Oberhaching · Keltenring 17 · Tel. +49 89 608669-0 · www.rother.de